회의를 디자인하라
회의 스웨그

회의를 디자인하라
회의스웨그

개정판 2쇄 발행 2018년 12월 5일

지은이 김상목
발행처 마크리더컨설팅(주)
편집 손민우
디자인 김혜은
주소 서울특별시 마포구 마포대로127 풍림브이아이피텔 1516호
등록 제2018-000128호
전화 070-8886-9225 **팩스** 02-706-9225
전자우편 markleader01@naver.com
홈페이지 blog.naver.com/markleader01
ISBN 979-11-964023-3-4 (03190)

이 도서의 국립중앙도서관 출판예정도서목록(CIP)은 서지정보유통지원시스템 홈페이지(http://seoji.nl.go.kr)와 국가자료공동목록시스템(http://www.nl.go.kr/kolisnet)에서 이용하실 수 있습니다.(CIP제어번호: CIP2018021012)

회의를 디자인하라

회의 스웨그

저자 김상목

목차

들어가며

제1장 회의를 디자인 하라

어느 과장의 독백	7
주 52시간 근무와 회의	11
1+1 = 5, 100-1 = 0	14
회의 만족도 5점 만점에 2.8점	18
우리는 왜 회의를 하는가?	30
회의의 기능	35
회의 운영 방법	40
마을 공동체와 회의	57
절차적 민주주의를 위한 합의회의	64
회의 프로세스 디자인	74

회의 10계명	77
효과적인 주제	82
회의를 재미있게 이끄는 방법	86
회의를 하는 것은 시간 낭비다?	91
초일류 기업의 회의 문화	94
애자일(Agile) 방법론과 회의	104
직원들이 회의할 때 아이디어를 내지 않는 이유	116
회의가 어려운 이유	120
직원들에게 아이디어를 내게 하려면	124

제2장 PIR 회의 기법

회의는 PIR 기법으로	131
문제의 탐색 기법	134
문제의 특성 분석 기법	137
문제의 결정 기법	139
아이디어 개발 기법	140
아이디어 결과 추정 기법	143
아이디어 선택 기법	146
아이디어 실행 단계	149
사업의 특성 분석	150
사업의 프로세스 분석	150
보유자원의 특성 분석	152
책임자 선정 기법	152

제3장 문제를 찾다

자아 학신 기법	155
파레토 기법	160
KPI 분석 기법	163
고객의 3不 분석 기법	166
카노(Kano) 분석 기법	172
이해관계자 분석 기법	180
벤치마킹 기법	183
Fish Bone Diagram	190
Why-Why 기법	193
문제의 우선순위 기법	197
SMARTA 기법	201

제4장 아이디어를 내다

SCAMPER 기법	207
ERRC 기법	213
만다라트(Mandal-Art) 기법	218
비용편익 분석 기법	221
의사결정 나무 기법	224
가중치 평가 기법	228
잠재적 문제 분석 기법	231

제5장 Role & Responsibility

KFS 분석	237
핵심 역량(Core Competency) 분석	240
줄 사다리 매듭 기법	244
빅 픽처(Big Picture) 기법	248
자원의 역량 분석 기법	251
책임자 선정 기법	254

제6장 2사 만루, 회의를 혁신하다

회사 혁신을 위한 대담	259
왜 회의는 악명이 높은가?	273
쓰레기는 가라	280
우문현답	287
바보야, 회의가 문제야	292
변화는 중요하지 않다! 혁신이 중요하다!	295
TFT조직을 폐기 처분하라	302
혁신을 위한 5단계 회의법	304
9회말 2사만루, 회의를 혁신하다	310

Design
Your
Meeting

들어가며

진짜 회의를 소망한다.

사람은 커뮤니케이션으로 자기의 존재를 드러낸다. 회사, 조직에서 일의 시작은 대화로 시작해서 대화로 끝난다. 어떤 대화는 힘을 내게 하지만, 어떤 대화는 오히려 힘을 감소시킨다.

누구나 회사나 조직에 들어가서 자신의 존재를 통해 회사가 발전하길 기대하고, 거기서 보람을 느낀다. 회사에서 그 존재가 가장 잘 발휘되는 공간이 회의실과 현장이다. 현장에서 필요로 하는 기술과 역할에 대해서는 이미 회사 내에서 끊임없이 중요성을 강조하고 직원을 교육시키고, 그리고 직원 자신도 중요하다고 생각하고 교육을 받아왔다. 하지만 회의에 대해서는 어떤가? 그렇게 중요한 회의라면서 회의의 참 모습은 어떤 것인지, 회의를 어떻게 운영하는지, 어떻게 참여해야 하는지 한 번 제대로 교육 받은 적이 없었다면 이해하겠는가?

이 책은 바로 그 회의에 관한 책이다. 회의는 무엇이며, 회의를 어떻게 운영하고 어떻게 참여해야 하는지를 말해 주고 있다. 그래서 기업의 최고 사명인 혁신을 하려고 할 때 어떻게 회의를 이용해야 하는지를 설명하고 있다. 아울러, 우리가 일상생활에서 접하는 다양한 회의를 포괄적으로 다루고자 하였다. 가령, 여러분이 거주하고 있는 마을에서 마을공동체사업이 진행될 경우를 생각해보자. 기본 계획을 수립하려고 해도 논의해야 할 사항을 다룰 회의가 필요할 텐데, 이러한 회의는 어떻게 운영해야 하는지 궁금하지 않은가?

민주주의 국가에서 정책수립을 할 때 시민들의 다양한 의견을 수렴해야 하는 경우가 있는데, 이럴 경우 회의의 중요성은 아무리 강조해도 지나침이 없을 것이다. 복잡한 현대사회에서 다양한 시민들의 여론을 수렴하는 회의가 과연 가능하기나 한 걸까? 믿기기 힘들겠지만, 가능하다. '시민합의회의'라고 하는 절차적 민주주의를 실현하고 있는 덴마크의 사례를 살펴보았다.

이 책은 회의에 관한 교육과 컨설팅을 해오면서 겪었던 시행 착오와 성과들을 바탕으로 구성되었다. 회의는 PIR회의를 해야 한다는 바탕 위에 1장에서는 회의에 관한 일반적인 편견과 활용 방안들을, 2장~5장에서는 회의 기법들을, 6장에서는 회의를 왜, 어떻게 혁신할 지를 소개하였다. 특히 3장은 문제를 찾는 기법, 4장은 아이디어를 내는 기법, 5장은 역할과 책임에 관한 기법들을 소개하였다.

알파고가 바둑 9단 이세돌을 꺾으며 10단이라는 칭호를 얻었다. 인간의 한계는 9단이라는 최고의 경지이지만 그 인간을 이겨낸 알파고는 신의 경지라고 할 수 있는 10단이 되어야 한다는 얘기이다. 알파고의 인공지능을 보며 비즈니스를 하는 경영자들은 알파고 같은 직원을 원한다. 주어진 모든 상황을 완벽하게 분석하고 앞으로 해야 할 일을 정확하게 제시할 수 있는 알파비즈(Alpha Biz) 같은 직원을. 하지만 '있는 직원도 제대로 활용하지 못하면서' 알파비즈를 활용할 수 있을지는 고민해 볼 필요가 있다.

회의에 리더는 없다. 참여한 사람 모두가 리더가 되어야 하고, 그렇게 운영되어야 한다. 누구나 자신이 회사에 필요한 존재이고 그를 통해 삶의 보람을 찾기를 바란다. 그런 회의가 되었으면 좋겠다는 마음으로 책을 써 내려간다. 그토록 소망했던 시간이 회의 시간이었으면 좋겠다.

1장

회의를 디자인 하라

Design
Your
Meeting

어느 과장의 독백

어느 과장의 회의에 대한 독백이다. 혹시나 이런 분이 회사에 있다면 우리가 어떻게 대처해야 할지 곰곰이 생각해보는 것도 좋겠다.

회의 시간 60분을 앉아 있는 것이 60일을 앉아 있는 것처럼 느껴질 때가 있다. 모든 사람들이 바쁘다고 하는데 여기에 앉아 있는 어떤 사람들은 전혀 바빠 보이지 않는다. 그들은 했던 말을 반복하기도 하고, 다른 사람과 싸우기도 한다. 나는 놀라운 게 그 놀라운 능력들은 왜 성과로 안 나타나고 회의실에서만 나타나는지 잘 모르겠다.

나는 사실 지금 토론하고 있는 주제와 나의 일과는 별로 관계가 없어 보인다. 그리고 이미 회의에 대한 결론은 이미 정해져 있다. 이 회의는 그런 결론을 합의에 의해 이루어졌다는 것을 보여주기 위한 과정일 뿐이다.

빅데이터인 알파고가 이세돌도 이기는 세상인데 우리 회의는 그런 데이터가 있으면 뭐 하는가? 데이터만 앞에 있을 뿐이지 그것을 활용하는 회의, 회의 방식은 10년 전이나 똑같다는 것은 나도 놀라울 뿐이다. 이제는 그런 데이터 분석을 해야 하는 것 때문에 회의 준비를 위해 투입해야 하는 인력과 시간은 엄청나다. 준비해야 할 양식은 발표 자료로 PPT를 만들어야 하고, 보조 자료로 EXCEL, WORD 등을 준비해야 한다.

팀장은 왜 색감이 세련되지 않냐고 여전히 투덜거린다. 팀장은 자료의 내용보다는 디자인과 색깔, 그리고 이모티콘이다. 내용은 우리가 만들지 않는다. 현업에서 보내 준 자료나 분석 팀에서 준 것을 잘 편집해서 우리가 한 일처럼 보이게 할 뿐이다. 기획팀인 우리가 할 일이 바로 그것이다. 현업에서는 너희들은 뭐 하는 애들인데 맨날 자료만 달라고 하는지 이해를 못하겠다고 한다. 팀장은 나더러 현업한테는 사장님을 팔라고 한다. 사장님께서 시키신 일이라고 언제까지 꼭 자료 내달라고 이야기하란다.

　몇 년 째 똑 같은 일을 이렇게 반복하고 있는지 한숨만 나온다. 회의가 열정적으로 되리라고 기대한 지는 이미 오래다. 처음 신입사원 때 부장님께 회의가 답답하다고 말씀드렸을 때, "네가 그럼 한 번 바꿔 보라."며 격려를 해 주셨지만, 나 역시 말만 그랬었다. 내 후배들은 아예 그런 얘기조차 입에 담지 않는다. 몇 번 자기 의견을 얘기했다가 "그럼 얘기한 네가 한 번 추진해보라."는 것을 당해 본 친구들은 회의 시간에 정말 의견 내 놓기를 두려워하는 것처럼 보인다. 회의 시간에 누가 아이디어를 내놓을 수 있을까? 자기 일도 많은데 새로운 일을 전혀 조정 없이 시키는데 아이디어까지 내고, 덤터기 쓴 꼴이지 않은가!

　TV나 영화를 보면 살아있는 회의를 볼 수 있다. 뉴스룸이란 영화를 보았는데 사람들 표정이 살아 있다. 영화라서 그런가? 살아 있는 내용들을 다뤄서 그런가? 우리는 죽은 자료, 죽은 데이터만을 다뤄서 그런가?

　회의를 하고 나면 직원들은 오히려 불만이 쌓이고 갈등이 증폭된다. 특히 다른 팀과 회의를 하고 나면 서로 네 탓이라고 하는 마당이라 오히려 멱살을 잡지 않고 끝나지 않은 것만해도 참으로 인

내의 달인들이라고 할 만하다. 뒤에서는 그렇게 못 잡아 먹어 안달을 하면서 말이다.

매주 또는 매달 반복되는 이 지겨운 회의 안 할 수 없을까? 초등학교 때 숙제 없는 학교, 시험 없는 학교를 꿈꾸듯이 꿈을 꿔 본다.

Design
Your
Meeting

주 52시간 근무와 회의

독일 근로자의 연간 근로시간은 1,363시간으로 한국의 2,069시간에 비해 무려 66%밖에 되질 않는다. 주당 근로시간은 독일이 27.4시간이고 한국은 44시간 정도된다. 그런데도(?) 시간당 노동생산성은 독일은 59.2달러이고 한국은 30.4달러이다. 근로시간과 노동생산성이 서로 비례하지 않는다는 얘기다. 더구나 이제는 주당 근로시간을 52시간을 제한하여 밑도 끝도 없이 회사에 붙들어 놓는 것은 불가능해졌다. 그 동안 사용자들은 밤늦게까지 직원을 부려가며 일을 시켰다. 자신(경영진)이 원하는 결과물이 언젠가는 나오겠지 하며 마냥 기다릴 수 있었다. 하지만 이제는 제대로 일을 시켜야 하고 제 시간에 일을 끝내야 하는 상황이다.

이제 시대에 앞서 나가기 위해서는 그들이 가지고 있는 창의력과 열정을 발휘해야 하는데 그것을 제대로 끌어내는 방법은 올바른 일 처리 방법과 회의 밖에 없기 때문이라고 생각했다. 그 때문에 필자는 2000년도 중반에서부터 기업의 경영자나 이사진들에게 일을 효과적, 효율적으로 하기 위해서는 일 처리 방법과 회의 운영 능력을 길러야 한다고 하면 대부분의 반응은 시큰둥했다. 생산직 근로자들에게 기댈 것은 시키는 일을 제대로 하느냐의 문제이지 그들로부터 더 많은 생산성을 기대하기에는 이미 한계치에 와 있다고 생각했다. 그리고 사무직 근로자의 경우 연봉제로 지급하므로 추가연장 근로수당이라는 것을 따로 지급하지 않아도 되었기 때문에 일을 못하면 자기(근로자)가 늦게 남아 일하거나, 휴일에 와서마저 일하면 그만이고, 그것은 자기 손해이기 때문에 안 가르쳐줘도 열심히 할 수밖에 없다는 논리였다. 그들의 논리는 일에 대한 책임을 근로자에게 전가하고 그 손해는 개인이 본다는 것이었다. 정말 그럴까? 그렇다면 한국의 시간당 노동생산성이 독일에 비해 무려 2배 가까이 적은 것은 무슨 이유일까? 그들은 아주 특별한 사람들을 데리고 일한다는 논리 외에는 말이 되지 않는다. 같이 놓고 보면 한국 사람들의 수준은 그들에 비해서 떨어지지도 않고 오히려 더 열심히 일하고 더 똑똑하기까지 하다. 결국 회사에서 일하는 임직원들이 제대로 일하는 방법과 회의를 통해 업무를 해 나가야 하지 않는 한 생산성을 높이는 것은 불가능에 가깝다.

이제는 일하는 방법도 제대로 가르쳐야 하고 회의도 제대로 해야 한다. 직장인 누구에게 물어봐도 회의가 회사에서 가장 중요한 일이라고 함에도 불구하고 회의 교육 제대로 받아본 사람이 없고, 또 제대로 하는 사람이 없다면 참으로 안타까운 일이다. 앞에서 말한 것처럼 이제는 무작정 붙잡아 놓고 일을 시켜가며 결과를 지켜볼 수도 없는 노릇이다. 주어진 시간, 짧은 시간 내에 회의를 통해 적설한 결론을 도출하는 것이 최선이다. 이제는 경영자도 관리자도 오살 곳이 없다. 제대로 회의를 해야 한다. 주당 52시간을 관리하는 방법은 일을 제대로 관리하고 그 방향과 업무 배분 등에 있어서의 회의를 잘 하는 수밖에 없음을 다시 밝혀둔다.

Design
Your
Meeting

1+1 = 5, 100-1 = 0

2015년, 5년만에 흑자 전환에 성공한 주성엔지니어링 공장 곳곳에 붙어 있는 문구다.

"똑같이 1의 일을 하는 두 사람이 같은 장소에서 각자 일한다면 그들이 할 수 있는 일의 최대치는 2이지만, 두 사람이 서로 소통하고 협업한다면 그 결과는 5로 커질 수 있다."

매경기사, 2016.2.28

조직이 모여 함께 일하는 이유는 바로 이 시너지 효과 때문이다.

반대로 100명이 모여 일하지만 한 명이 빠지거나, 협업이 되지 않으면 99의 효과가 아니라, 0의 효과를 본다는 얘기이기도 하다. 단 한 사람으로 인해 시너지가 망가진다면 다른 99명의 노력도 헛수고로 돌아 간다는 얘기이다.

어떻게 하면 시너지를 발휘할 수 있을까? 그것은 서로가 하는 일과 그 안에서 자신의 역할이 무엇인지를 명확히 알고 있을 때 발생한다. 전체적인 프로세스 안에서 자신의 역할이 어떤 기여를 하고 있으며, 무엇을 더 잘할 때 잘했다고 얘기할 수 있는지, 그 다음에 서로가 가진 힘을 어떻게 하면 더 큰 힘을 낼 수 있는지를 구조화해야 한다. 서로 모여 주어진 문제와 이를 해결하기 위한 아이디어를 내고, 자신의 일을 명확히 해야 한다. 이 때 문제를 새로운 눈으로 바라 볼 수 있는 지혜와 이를 해결하기 위한 참신한 아이디어, 각자의 역량을 바탕으로 한 역할 배분이 이루어져야 한다. 그래야 성과로 연결되게 된다. 그러기 위해서는 모여서 서로 간에 이루어지는 회의를 하는 방법을 제대로 알고 실천해야 한다.

하지만 의외로 회의가 기업이나 조직 내에서 제대로 올바르게 정착된 경우는 찾아보기 힘들다. 215명의 직장인을 대상으로 한 '우리 회사의 회의 문화에 대하여 만족하냐'는 질문에 3.7%인 8명만이 매우 만족으로 나왔고, 불만족은 27%인 56명, 매우 불만족은 8% 인 15명으로 나타났다.

또한 회의 목적에 맞는 회의 방법을 선택하는가에 대해서는 그렇다 28%에 비해 보통이다 28%, 아니다 40%, 매우 아니다 4% 로 나타나 회의에 대한 심각한 부정적 반응을 보여주고 있다.

무엇이 잘못되었느냐를 따지기 이전에 정말로 이대로 가도 되는지 묻고 싶다. '100-1=0' 이라는 관점에서 볼 때는 특히 더 문제가 된다. 만약에 당신의 조직이나 팀에 매우 불만족(8%), 불만족(27%)의 사람들이 있다면 결국 하나마나 한 일을 하고 있기 때문이다. 누군가 회의 시간에 열심히 참여하지 않고 있고, 회의가 필요 없다고 끊임없이 얘기하고 있다. 또한 회의 시간에 새로운 아이디어도 내놓지 않고, 멀찍이서 시니컬하게 바라보며 회의가 한 시라도 빨리 끝나길 바라는 눈치라면 옆의 사람을 같은 방향으로 감염시키기엔 충분하다.

그런 사람들은 지속적으로 하는 말이 있다. "회의 해 봤자."라는 말이다. "회의 해 봤자 별거 없다."라는 것은 자신의 지난 경험을 토대로 한 말이다. 아이디어 내 봤자, 의견을 모아 봤자 변할 거 없다는 얘기다. 이런 류의 사람들은 '1+1=5'라는 것을 경험하지 못했기에 하는 말이다. 오로지 자신만 일할 줄 알고, 다른 사람은 일할 줄도 모른다는 생각을 가지고 있거나, 그냥 '각자가 맡은 일을 잘 하면 되지'라는 생각에 빠져있다고 할 수 있다.

나는 그렇게 한다고 쳐도 과연 우리와 경쟁하는 회사가 '1+1=5'를 실천하고 있다면 어떻게 될까? 신규로 진입하는 회사가 '1+1=5'로 무장을 하고 소비자에게 다가선다면 어떤 일이 벌어질까? 우리 안에서야 그럴 수 있다고 하지만 세상은 분명 누군가에게 승자의 왕관을 씌워 줄 태세를 하고 있다. '나는 그래도 괜찮아'라고 외친다면 정서지와(井底之蛙)의 신세가 아닐까.

Design
Your
Meeting

회의 만족도 5점 만점에 2.8점

취업포털 커리어가 2012년에 조사한 직장인들의 평균 회의 횟수는 주당 3.2회로 나타났다. 또한 회의에 대한 만족도는 2.8점(5점 만점)으로 나타나 만족하는 사람이 절반 겨우 넘는 것으로 나타났다. 회의에 대한 불만 원인 1위는 '결론은 없고 시간만 낭비한다'가 47%로 나타났고, 그 뒤를 이어 26.5%가 '결론은 항상 상사가 결정하기 때문'이라고 나타났다. 그 뒤를 이어 '회의를 굳이 하지 않아도 된다'와, '말하는 사람만 말한다'로 나타나 회의 문화에 대한 부정적 태도가 많은 것으로 나타났다.

역시 2016년 직장인 215명을 대상으로 마크리더컨설팅에서 조사한 바에 따르면, 회의 시간이 적당한가라는 질문에 짧다(매우 짧다, 없음)는 응답이 12%로 나타난 반면에, 길다는 응답은 36%로 나타나 긴 회의 시간이 비효율적이라고 생각하는 사람이 많은 것으로 나타났다.

회의가 끝나면 일에 대한 자신감이나 에너지가 더 생기는가라는 질문에는 그렇다 15%, 보통이다 30%, 아니다 31%, 매우 아니다 23%로 나타나 회의로 인해 오히려 사기가 떨어지는 것으로 밝혀졌다.

커리어에서 조사한 바와 마찬가지로 마크리더컨설팅의 조사에 따르면 일부 참여자가 회의를 독점하는가라는 질문에 대하여, 매우 그렇다 20%, 그렇다 52%로 나타나 72%에 해당하는 사람들이 회의가 일부 사람에 의하여 독점되고 있다고 밝히고 있다.

또한 회의의 순기능적 요소로 회의를 통하여 신선한 아이디어가 도출되는가라는 질문에 대하여 그렇다는 30%, 보통이다 30%, 아니다 31%, 매우 아니다 9%로 나타나 아이디어 조차 쉽게 도출되지 못하는 회의로 운영되고 있음을 보여주고 있다.

역시, 회의의 순기능적 요소인 갈등 해결과 관련한 질문에서 회의를 통하여 갈등이 해결되는가라는 대답으로 그렇다 11.5%, 보통이다 53.8%, 아니다 26.9%, 매우 아니다 7.7%로 나타나 회의의 순기능적 요소보다 오히려 갈등을 부추기는 기능을 하고 있는 것으로 드러나고 있어 충격을 주고 있다.

　이들 내용을 하나씩 분석해 보자. 일단 일주일에 회의 횟수가 주당 3.2회로 나타났다는 것은 그만큼 업무상 회의를 많이 필요로 한다는 얘기이다. 상기 횟수는 평사원도 포함되었으므로 평사원인 경우 이보다 참여 횟수가 적을 것이고, 직급이 높을수록 더 많은 회의에 참여할 것으로 생각된다. 본인의 경험으로 볼 때 팀장 이상의 경우 하루에 회의를 1회 이상 개최하거나 참여하게 된다. 회의에 참여하기 위해 준비하는 시간은 보통 1.5시간에서 2시간 정도 필요로 한다. 그리고 회의가 끝난 뒤에 이를 다시 정리하여 보고하거나, 후속 조치(follow up)하여 보고 하는데 드는 시간 역시 비슷하게 소요된다. 결국 직책이 팀장 이상인 사람들은 회의를 준비하고 마무리 하는데 3~4시간, 회의시간 1시간으로 가정한다면 하루에 4~5시간을 회의하는데 사용하게 된다는 결론에 이르게 된다. 회의는 분명 필요에 의해서 실시했다면 회의 횟수가 많고 적고의 문제가 아니라 회의의 질적 수준을 어떻게 높일 수 있느냐가 핵심일 수 있다. 하지만 그 뒤에 나오는 회의의 질적 수준들에 대한 응답들은 고개를 떨굴 만하다.

회의 만족도는 2.8점(5점만점)이다. 100점 만점으로 환산하면 56점으로 낙제 수준이다. 회의 만족도가 이렇게 떨어지면 회의장에 들어서는 대부분의 사람들은 이미 에너지를 잃고 회의장에 들어선다는 얘기일 수 있다. 그들은 이미 회의에 대한 기대감을 버리고 그저 참여하는 데 의의를 두는 정도 수준일 수 있다. 이는 심각한 경영상의 문제점을 안고 있다. 직원들이 회의에 투자하는 시간은 회사의 중요한 자원인데 이를 낭비하고 있다는 반증이다. 또한 의사결정의 질을 높여야 함에도 불구하고 '참여하는데 의의'를 둔 참여자들의 태도는 치열한 경쟁 속에서 살아남아야 하는 기업 환경에서 그야 말로 절망석인 상황일 수 밖에 없다. 회사에서 비용절감, 생산성 향상을 외치지만 회사의 업무 중에서 가장 중요한 회의 시간에 이미 인적 자원 낭비, 방향성 상실 등 모든 것을 잃고 시작하는 회사의 전망이 밝을 수 없다는 것은 명백한 사실일 것이다.

불만 원인 1위가 '회의에 결론이 없다'는 얘기는 무엇인가? 이는 회의를 개최한 사람과 회의에 참여한 사람이 회의에 대한 의미를 서로 다르게 생각한다는 얘기이다. 회의를 개최하고 운영하는 사람은 회의에 결론이 없어도 이것은 회의라고 생각을 한 것이고, 회의에 참여한 사람은 그래도 회의니까 어떤 결론을 얻고 돌아가고 싶다는 얘기이다. 즉 회의를 운영하는 사람과 참여한 사람간에 회의를 바라보는 관점에서 차이가 있다는 얘기이다.

어떤 기업의 직원들을 대상으로 회의에 대한 설문조사를 해서 경영자에게 보고를 한 적이 있었다. 물론 회의에 대한 불만족도가 대단히 높았다. 직원들이 생각하는 현재의 회의는 그저 '깨기 위한, 깨기만 하는' 회의였다. 이를 경영자에게 보고 했더니, 경영자는 "우리가 하는 건 회의가 아니라 보고"라는 짧은 답변만 돌아왔다. 반면에 어떤 경영자들은 회의를 단순히 자신의 의사결정을 위해 직원들의 의견을 듣는 자문기구의 수준으로 생각하는 경우가 많았다. 따라서 그들은 회의 시간에 의사결정을 노출하기 보다는 회의 이후에 자신이 '따로' 결정을 하는 시간을 갖고 그 결정을 직원들에게 통보를 하면 되는 것으로 생각한다. 이렇게 회의에 대한 생각이 다르니 직원들 입장에선 당연히 회의에 불만이 높을 수 밖에 없다. 따라서 회의를 혁신하기 위한 첫 번째 단계로서 회의가 어떤 역할을 해야 하는지에 대한 서로간의 눈높이를 맞추는 것이 가장 시급한 일일 것이다.

불만 원인 2위는 '결론은 항상 상사가 결정하기 때문'으로 나타났다. 이는 리더의 입장에서 보면 당연한 처사이다. 즉 리더는 의사결정 상에 있어서 책임을 져야 하는 사람이기 때문에 자신이 결국 결정을 해야 한다. 이에 대해 '당신이 결정하기 때문에' 문제가 있다고 얘기할 수는 없다. 하지만 이 말의 뉘앙스는 다르게 해석해야 한다고 생각한다. 즉 참여한 직원들 입장에서 상사는 항상 독단적으로 결정한다거나, 이미 의사결정을 마음 속에 하고 회의에 참여했다는 얘기가 될 수 있다.

직원들이 아무리 뭐라고 한들 그 말이 리더의 귓속에 전달될 리가 없다는 자조적인 생각이 직원들 머릿속에 차 있다면 직원들이 회의 시간에 무슨 얘기든 할 수 있을까? 그저 리더의 생각이 맞는다는 맞장구 정도 치다가 회의장을 빠져 나오는 것이 상책일 수 있다. '결론은 항상 상사가'라는 생각을 가진 직원들은 이렇게 생각한다. '그냥 자기가 뭐를 한다고 하지 왜 시간 아깝게 모여서 회의하고 그럴까?'라는 생각을 한다. 이는 뒤에 있는 불만사항 '회의를 굳이 하지 않아도 된다'라는 것과 연결이 된다.

직원들 입장에서 자신의 의견이 반영되지 않는 조직에서 보람을 찾을 수 있는 사람이 얼마나 될 지 생각해 볼 문제이다. 물론 그런 분위기에 잘 적응하는 사람도 있겠지만, 시키는 대로 잘하고, 맞장구만 잘 치는 사람들과 함께 일한다는 것은 그리 행복해 보이질 않는다.

회의 시간은 적당한가라는 질문에 짧다는 답변보다 길다는 답변이 많이 나왔다. 이는 긴 회의보다 짧은 회의가 좋다는 일반적인 생각이 담겨있다. 이는 회의의 효율성과 관련이 있다. 사실 회의는 시간이 길거나 짧아서 '좋다, 나쁘다'로 규정 지을 수가 없다. 회의의 내용과 형식에 따라 좋을 수도 나쁠 수도 있기 때문이다. 하지만 회의를 혁신하려고 하는 사람들 대부분은 어떻게 회의 시간을 짧게 할 수 있는지, 몇 분이면 적당한지 항상 물어 온다. 하지만 회의의 성과는 회의 시간과 관련이 있는 것이 아니라, 회의 운영 기법, 회의 목적, 회의 참여자의 태도 등이 독립변수이지, 회의 시간은 독립변수가 되지 못한다. 회의 시간을 어떻게 할 것이냐를 물어 볼 것이 아니라, 어떻게 하면 회의 수준을 높일 지를 물어봐야 할 것이다.

회의가 끝나고 나면 에너지가 생기는가에 대한 답변은 그야 말로 절망적이다. 그렇다는 15%에 불과하고 아니다 이상이 54%로 나타났다. 아니다 중에 매우 아니다는 23%로 나타나 회의가 업무에 오히려 도움이 '크게 안 되는 것'으로 나타나고 있다. 회의는 일을 하기 위한 도구이다. 즉 회의가 끝나면 각자 자리로 돌아가 자신에게 주어진 업무를 충실히 해야 한다. 에너지 '만땅'으로 자기 자리에 돌아가 일을 해도 모자란 판에 오히려 에너지 '제로'로 일을 시작하게 만드는 것이 회의라면 차라리 안 해야 한다는 말이 맞을지도 모를 정도이다. 회의를 운영하는 사람과 이에 참여하는 사람은 에너지의 수준을 어떻게 높여야 하는지 자신들의 역할을 충실히 해야 한다. 회의 석상에서 자신이 한 행동과 말은 다른 사람에게 영향을 미친다. 또한 회의 운영 방식 또한 에너지에 영향을 미친다. 어떤 표정과 말이 회의에 참여한 사람들의 에너지를 높일 수 있는지, 어떻게 운영하면 에너지 수준을 끌어 올릴 수 있는지를 지속적으로 연구하고 적용해 봐야 한다.

일부 참여자가 회의를 독점하는가에 대해서는 매우 그렇다(20%), 그렇다(52%)로 나타난 것은 회의 운영 방식을 전혀 모르고 운영하고 있다고 볼 수 있다. 각 사람이 어떻게 하면 자유롭게 의사를 얘기할 수 있도록 할 수 있는지, 그 의견들을 어떻게 수합하고 어떻게 정돈하여 다음 섹션으로 넘어가야 하는지를 습득해야 한다. 뒤에 나올 '직원들이 아이디어를 내지 않는 이유'와 '직원들이 아이디어를 내게 하는 방법', 'PIR기법' 등을 참조하여 적용해야 한다.

20년 전이나 지금이나 별다른 방법 없이 그냥 '닥치고' 회의를 하는 모습은 바뀌어야 한다. 신입 직원들이 회사를 떠나는 이유 중 하나는 '자신이 여기서 보람을 찾을 수가 없다.'라는 것인데, 이는 일을 통해 회사에 기여할 수 있도록 만들어야 하는 기존 멤버들의 의무이기도 하다. 기존 멤버들은 "신입이 뭘 알아"라고 얘기하기 전에 어떤 의견이라도 경청할 수 있는 자세와 단 하나의 힘이라도 뭉치면 더 큰 힘을 발휘할 수 있다는 화합(和合)의 정신이 마련되어야 한다. 그것을 이뤄내기 위해서는 회의할 때 각자의 뜻을 충분히 개진할 수 있는 장치들을 마련해야 한다. 그러면 회의 시간이 많이 필요하지 않냐고 반문하는 사람들이 있지만, 회의를 변화시키는 초기에는 물론 회의 시간이 길어지겠지만 회의 운영 방식이 점차 명확해지고, 운영이 세련되면 회의 시간은 적절하게 정착될 것이다.

회의를 통해 신선한 아이디어가 도출되는가에 대한 답변으로 아니다 (31%), 매우 아니다 (9%)로 나타났다. 이 역시 회의 운영 방식을 다양하게 활용하고 있지 못한다는 반증이다. 아이디어는 각 사람이 갖고 있다고 해서 내놓는 게 아니고, 회의에 참여하기 전에 챙기지 않아서 회의 시간에 내지 못하는 물건이 아니다. 아이디어는 회의 시간에 즉시 내는 게 좋다. 아이디어를 짧은 시간에 바로 내도록 훈련하는 것이 좋다. 예를 들어 '이 상품을 팔기 위한 3가지 아이디어를 1분 30초 안에 제시하시오' 같은 예가 그러하다. 1분 30초 안에 3가지를 제시하도록 훈련을 하면 처음에는 '설마 그 시간 안에 나올 수 있을까'라고 생각할 수 있지만 막상 해보면 정말 그 시간 안에 그 과제를 해낼 수 있을 것이다. 또한 아이디어를 낼 수 있는 다양한 장치들을 개발해야 한다. 다양한 방법 중의 하나인 인출 단서를 잘 활용하도록 할 필요가 있으며, PIR기법 중에 아이디어 기법들을 참고하기 바란다.

또한 회의를 PIR중에 하나를 선택하여 회의를 진행하고 있어야 한다. PIR이 아닌 회의는 다른 모임이다. 교육을 하면서 회의라고 하면 안 된다. 일방적인 지시를 하면서 회의라고 하면 역시 안 된다. 단순한 정보 전달을 하면서 회의라고 하면 안 된다. 회의는 문제를 찾던지(Problem), 아이디어를 내던지(Idea), 역할을 분담하던지(Role & Responsibility) 중에 하나여야 한다. 이 PIR은 순서적으로 진행해야 의견들을 개진하기가 쉽다. P를 하지 않고 I로 건너뛰면 역시 의견을 낼 수가 없다. Idea는 문제가 명확해진 다음에야 낼 수가 있다.

그리고 경영층은 회의 시간에 의견이나 아이디어를 제시하지 못하는 기업 문화 요소가 있는지를 잘 관찰해야 한다. 그리고 기업 문화를 회의가 원활하게 진행될 수 있는 문화를 만들어 갈 필요가 있다. 회의에 참여할 때 기존에 가지고 있는 선입견들을 버리고 '무(無)'인 상태로 참여할 수 있도록 해야 한다. 그래야 새로운 것을 찾을 수 있기 때문이다. 무엇인가 갖고 들어가면 반드시 그것을 펼치고자 하는 게 사람의 마음이다. 그래서 자신의 것을 펼치려는데 다른 누군가가 방해를 한다고 생각하면 그 상대방에 대한 부정적인 생각이 올라오게 마련이다. 따라서 '텅 빈 마음'으로 회의장에 들어서도록 하는 문화를 조성하는 게 좋다. 그 '텅 빈 마음'은 지혜의 문이기도 하다. 비우면 비울수록 새로운 아이디어가 들어차게 마련이고, '이게 과연 내가 생각해 낸 아이디어인가!' 싶을 정도의 대단한 물건들이 튀어 나오게 된다. 자신의 것을 주장하는 것은 에고(ego)의 마음, 갇힌 마음이지만, 텅 빈 마음은 지혜로 가는 지름길이요 열린 마음이다.

　회의를 통해 갈등이 해결되는가에 대한 답변으로 아니다(26.9%), 매우 아니다 (7.7%)로 나타났다. 갈등 해결의 장이어야 하는 회의가 오히려 갈등을 부추긴다는 얘기이다. 조직 내에서 일어나는 갈등은 자연스러운 일이며 그러한 갈등을 통해 조직이 성장하기도 한다. 갈등을 통해 성장하기 위해서는 기존의 갈등이 해결되고 새로운 갈등이 나온다는 전제하에서만 가능하다. 묵혀진 갈등은 새로운 갈등이나 발전적 갈등을 생성하지 못한다. 오로지 묵혀진 갈등이 해소될 때 신선한 갈등들이 대두되게 마련이다. 갈등이 해결되지 못하는 이유는 여러 가지 측면에서 찾아 볼 수 있다. 첫 번째는 그

룻된 회의 주제의 설정이다. 회사와 조직의 발전을 위해서 필요로 하는 회의 주제를 설정해야 한다. 그 중심에는 고객이 있어야 한다. 고객의 요구에 우리는 최선을 다하고 있는지, 그러기 위해서는 어떤 시스템을 갖춰야 하는지, 업무 프로세스는 어때야 하는지 등을 기준으로 회의 주제를 선택해야 한다. '우리만'하는 회의는 갈등을 부추기게 마련이다. 보다 큰 목적인 '고객 중심'회의는 갈등은 있지만 해답이 있다. 그 해답으로 갈등을 해결해 나가야 한다.

Design
Your
Meeting

우리는 왜 회의를 하는가?

우리는 왜 회의를 하는가? 그리고 당신은 정말로 회의를 원하는가? 이에 대한 명확한 해답을 갖고서 회의에 임해야 한다. 목적이 불분명한 회의는 긴장감을 떨어트리고 참여한 사람들의 시간을 낭비할 뿐이다.

회의 말고도 선택할 수 있는 꽤 많은 선택적 수단들이 있지 않은가? E-mail, 편지, 메모, 전화, 간단한 대화 등을 통해서 말이다. 이런 수단들을 통해서 자신의 목적을 달성할 수 있다면 그야말로 회의를 개최해서는 안 된다.

하지만 회의를 한다고 하면 쌍수를 들어 반대하는 사람들이 있다. 회의 무용론을 펼치면서 말이다. 그들은 대여섯 명이 모여 함께 테이블 위에서 시간을 보내는 것보다 각자 자신의 일을 하는 게 훨씬 생산적이라고 말하기도 한다. 그들은 망하는 회사는 회의가 많을 수 밖에 없다고 말한다. 잘 되는 회사는 회의할 시간도 없다면서 자기 일 제대로 하면 되는데 굳이 회의를 왜 하냐고 말이다. 또 현장에서 일하는 사람들은 회의 같은 것은 머리 쓰는 사람들이나 하지 우리같이 몸 쓰는 사람들은 할 필요가 없다고 한다.

마그리너컨설팅에서 조사한 바에 따르면 회의가 끝나면 오히려 에너지가 빠지는 느낌이 든다는 사람이 45%로 나타나, 확실히 매우 많은 미팅들이 사람들의 시간과 의욕을 갉아먹고 있는 것이 틀림없어 보인다.

또한 굳이 회의를 하지 않아도 될 회의를 하는 경우가 많다고 한 경우가 40%를 넘어 문제를 해결하거나 일을 위해서 모인 회의보다는 '역사적 의미' 때문에 모인 회의가 있는 것으로 나타나고 있다. '역사적 의미'라는 것은 그 전부터 그렇게 모였었기 때문이라는 의미이다. 역사적 의미의 회의는 '살아있는 문제'가 아니라 이미 '죽은 문제'를 꺼내 들기 때문에 그야 말로 회의를 '했다고 치는' 식의 회의로 마무리 될 수 밖에 없다. 회의는 권위를 희석시키고, 책임을 모두에게 전가시킨다는 의견 또한 분명히 존재하고 있다.

하지만 회의(會議)에 관한 온갖 회의(懷疑)에도 불구하고 인간이 사회적 존재라는 기본적 전제 아래, 필자는 인간의 내면에 있는 자아실현과 깊은 관련이 있다고 생각한다.

인간이라는 존재는 서사적인 관계를 통해 자신을 설명할 수 있기 때문이다. 자신을 설명할 수 있는 것은 생긴 것과 키, 몸무게 등을 제외하고는 자신이 지나온 사회적 삶을 통해서 설명할 수 밖에 없다. 어떤 부모와 함께 생활했으며, 학생 때는 어떤 일이 있으며, 직장을 다니면서는 동료, 선후배와 어떤 일들이 있었는지를 설명한다. 즉 자신의 존재를 설명할 수 있는 것은 다른 사람들과의 관계 그리고 그 풍성함으로 더욱 풍성하게 하는데 그 삶의 의미를 찾아 가고, 그 사회적 존재의 지향점이 자아 실현이기 때문이다. 사회적 관계 속에서 자아실현을 한다는 것은 서로 돕고 서로 힘을 합쳐 어떤 성과물을 만들어 내거나 인정 받아 보람을 찾는 일이다. 사람이 모여 사는 이유는 모일 때 서로간에 유익하기 때문이며, 이들이 모여서 하는 가장 많은 행위는 노는 것과 일, 그리고 회의이다.

인간이 참여하고 있는 크고 작은 모든 조직은 정기적이거나 비정기적인 회의를 하고 있다. 자주 회의를 열거나 한참 만에 회의를 열어도 역시 회의를 진행하고 있다. 또 2명이 모이거나, 수천 수만이 모여 회의를 진행하고 있다. 이렇게 회의를 하고 있다는 사실은 예나 지금이나 변함이 없으며 앞으로도 어떤 식으로든 진행될 것임은 역시 틀림없는 사실일 것이다. 그 장소가 공장, 사무실, 차 안, 종교 단체, 스포츠 센터, 클럽 등 가리지 않고 회의를 하고 있으며, 앞으로도 벌어질 것이다. 공식적이든 비공식적이든, 일터이든 일터가 끝난 뒤의 맥주 집이든 회의는 열리고 있고 앞으로도 열릴 것이다.

회의에 관한 필요성은 과거 사냥감을 좇던 원시적인 시대의 필요성보다 현대에 훨씬 더 증가했다. 현대에서의 일은 과거보다 더욱 많이 분업화 됨에 따라 자신이 전혀 모르는 일들이 현장에서 벌어지고 있으며, 일이 성공되기 위해서는 이 여러 가지의 일들이 서로 합해져 시너지가 생성되어야 하기 때문이다.

자동차 한 대를 완성하기까지 거쳐야 하는 과정은 수만 가지이며 이 과정에서 어떤 과정이라도 단 한 가지의 실수도 용납될 수 없다. 서로 따로 일을 해서는 안 되며 부품 제조, 소프트웨어 제조, 조립, 도장, 품질 검사 등 이 모든 과정에 참여한 사람들은 최고경영자가 가진 비전을 같이 품어야 차를 한 대 만들 수 있다. 기술이 더욱 고도화될수록 경영에 있어서의 비전은 과거보다 더욱 큰 의미를 갖게 될 수 밖에 없다. 하지만 경영자가 얼굴에 웃음을 꽃피우며 그의 비전을 작업장에 설치된 TV모니터를 통해 직원들에게 얘기할 때 직원들의 입가에 피는 하품은 어찌할 것인가! 비전은 TV모니터가 아닌 현장과 회의 테이블에서 창조된다는 사실을 모르는가! 모여서 함께 문제를 파악하고 아이디어를 내며 자신의 역할을 명확히 할 때 같은 비전을 실현시킬 수 있다.

아무리 전화, 인터넷이 있고, 복사기와 TV 모니터가 있을 지라도 사람과 사람이 만나는 회의는 그 의미가 특별할 수 밖에 없다. 왜냐하면 회의를 하면 그 느낌 아니까!

Design
Your
Meeting

회의의 기능

 우리가 현대에 그 많은 보조적인 미디어 또는 커뮤니케이션 도구가 있음에도 회의를 하는 이유는 6가지의 기능을 갖고 있기 때문이다.

 첫째는 '우리는 하나이다' 기능이다. 회의는 구성원을 하나되게 하는 기능을 한다. 또한 회의에 참가하지 못한 다른 팀원, 팀, 그룹과 구분을 한다. 회의가 만들어 내는 가장 기본적인 기능은 회의에 참여하는 사람과 참여하지 않는 사람 사이의 구분이 생긴다는 것이다. 어떤 회의에 참여할 수 있는 멤버가 되었다는 것은 그만큼의 위치나 자격을 획득했다는 것을 의미한다. 회의는 그 조직 전체의 방향을 이야기하고 업무를 분담하는 자리이다. 그렇기 때문에 그 회의에서 자신의 목소리를 낼 수 있다는 것은 그만큼의 역할을 기대하기 때문이다. 따라서 회의를 통해 그 자리에 모인 사람들은 일단 우리는 같은 동질성을 지니고 있다는 것을 의미한다. 회의를 통해 참석자들은 하나가 된다.

둘째는 조직의 자가 발전 기능이다. 조직은 회의를 통해 조직의 효과성과 효율성을 추구한다. 어떤 조직이든 목표를 갖고 있으며, 이를 효율적으로 달성하기 위해 노력한다. 그 중심에 회의가 있다. 회의를 통해 어떻게 하면 조직이 더욱 효과적이고 효율적일 수 있는지를 결정하여 바꾸고, 유지하며, 강화시키는 역할을 한다. 회의를 통해 조직 내 구성원들의 커뮤니케이션을 활성화시키고 속도를 상승시키며, 이들의 지식과 경험을 공유함으로써 효율성을 증가시킨다. 따라서 회의 이전의 조직과 회의 이후의 조직은 질적으로 다르며, 회의를 통해 효과성과 효율성을 높여 나간다.

셋째는 회의에 참석한 개인들은 그룹의 총체적 목표를 이해하여 자신이 다른 사람의 일 또는 그룹의 일에 어떻게 관여되는 지를 이해한다. 일은 각자의 역할을 통해 합쳐진다. 조직을 만든 이유는 여러 가지의 일을 서로 나눠서 하되 혼자서 일을 하는 것보다 더 큰 성과를 낼 수 있기 때문이다. 하지만 전제 조건은 하는 일들이 어떤 식으로든 합쳐져 시너지가 나야 한다. 자신의 일이 전체 중에서 어떤 역할을 하고 있으며, 어떤 영향을 미칠 수 있는지, 어떻게 하면 보다 더 효율적으로 하여 시너지를 더 생성시킬 수 있는지에 대한 이해가 필요하다. 그 기능을 회의가 맡아서 한다.

넷째는 의사결정 기능이다. 회의는 의사결정을 내리거나 추구해야 할 목표를 제시한다. 조직을 끌고 가기 위한 가장 중요한 리더십은 의사결정에서 나온다. 각 개개인이 해야 할 일을 변화시키고, 결집시킨다. 어디로 가야 하는 지, 무엇을 해야 하는지를 결정해야 하나. 현재의 일들이 고객을 만족시킬 수 있을 지, 주어진 문제를 해결할 수 있을 지, 다른 경쟁업체에 비해 앞서 나갈 수 있는지를 확인하고 결정을 해야 한다. 의사결정자가 의사결정을 하지 않으면 조직이 조직답지 않게 된다. 또한 의사결정자는 자신 혼자 결정을 하는 것이 아니라 함께 논의에 참여함으로써 오류를 최소한으로 줄이고, 참여자 역시 함께 결정함으로써 의사결정에 힘을 실어 주는 역할을 한다.

다섯째는 시너지 기능이다. 뭉쳐야 산다. 각자가 갖고 있는 힘은 1이고 이를 개별적으로 일을 하면 1+1=2이지만, 함께 모여 일하게 되면 1+1=5 가 된다. 각자가 갖고 있는 지식과 경험을 모아 문제를 해결하는 것이 회의의 가장 주요한 기능이다. 개인적으로 일할 때보다 함께 일해야 할 때 필요하다.

여섯째는 회의를 자신의 지시 명령체계의 도구로 사용하는 사람도 있다. 이들은 세상은 동물의 왕국처럼 먹고 먹히는 세상이며 이 세상에서 살아남기 위해서는 일사 분란한 명령체계가 중요하다고 생각한다. 리더인 자신은 모든 것을 알고 있으며, 자신의 말만 잘 따르면 조직은 아무 문제 없다는 생각을 갖고 있다. 다른 사람이 무엇에 관심이 있는지, 그룹 내에서 어떤 관계를 맺는지에 대해 관심이 없으며, 오로지 이 회의를 자신의 명령이 통하는 회의로만 기능할 필요가 있다고 생각한다. 그저 내 명령만 따르라든지 법과 질서만을 외치는 사람들에게 회의는 그렇게 운영된다.

어느 현자에게 누군가 이렇게 물었다.

"제 안에는 평화롭고 아름다운 흰 개 한 마리와 사납고 미친 검정 개가 한 마리가 있습니다. 이 두 마리는 어떤 일이 있을 때마다 항상 제 안에서 튀어나와 서로 이기려고 싸웁니다. 어떻게 하면 흰 개가 검정 개를 항상 이길 수 있을까요?"

현자가 이렇게 대답했다.

"네가 밥 주는 놈이 이겨."

회의를 통해 구성원이 하나되고 또 아이디어를 통해 조직이 발전할 수 있다. 반면에 회의는 시간의 낭비, 상황의 악화, 조직의 목표를 달성하는데 오히려 방해가 될 수도 있다. 어떻게 운영할 지는 운영하는 사람이 결정하는 것이다.

당신이 누구한테 밥을 줄 지를 결정만 하면 된다.

Design
Your
Meeting

회의 운영 방법

회의의 종류

회의 운영이 잘못됨으로써 발생할 수 있는 수많은 비판적 관점에도 불구하고 회의를 제대로 운영하게 하려면 어떤 종류의 회의가 있는지를 살펴봐야 한다.

일일 미팅으로 매일 매일 해야 할 일을 확인하고 구체적으로 어떤 일을 어떻게 어디까지 마무리해야 하는 지를 합의하는 시간이다.

주 간 혹은 월간, 연간 회의로서 같은 목적을 가지고 서로 다른 분야의 일들이 동시에 이루어져야 할 때 하는 회의다. 새로운 아이디어나 의사결정이 필요하며 서로간의 업무 조정 역시 필요하다.

비정규적인 특별회의가 있다. 주제가 긴급히 마련될 수 있고, 외부 참가자가 들어올 수 있다.

회의를 열기 전에 해야 할 일

회의를 열기 전에 당신이 해야 할 가장 중요한 것은 다음과 같은 질문들을 해보는 것이다. "이번 미팅에서 무엇을 성취할 것인가?" 또는 "이번에 그런 결과를 얻지 않으면 어떤 결과가 예상되나?"와 같은 질문을 한다. 또 다음과 같이 질문할 수도 있다. "회의가 끝났을 때 나는 이 회의가 잘된 회의인지 아닌지를 어떻게 알 수 있나?" 이런 질문들을 통해 회의의 전체적인 그림을 그릴 수가 있다. 그래서 회의를 어떤 목적으로 소집하는지를 명확히 하게 된다. 당신이 이 질문들에 명확히 대답을 하지 않으면 참석한 모든 사람의 시간과 열정을 허비하게 된다. 만약에 당신이 회의의 전체적인 그림을 그리지 않고 소집했다면, 설계도 없이 집을 짓겠다는 얘기와 다름없다.

목표를 명확히 하기

회의가 갖고 있는 기능들을 고려하여 회의의 목표를 명확히 해야 한다. 직원들이 회의에 대해 회의(懷疑)하는 것 중에 하나가 밑도 끝도 없는 회의를 한다는 것이다. 결론도 없고 오로지 다음에 또 하자는 식의 회의만 존재할 뿐이라는 것이다. 회의를 시작할 때 회의 목적과 예상되는 결과물을 제시하는가에 대한 대답으로 5점만점에 3.1점(62점/100점)을 받은 것은 그다지 높은 점수가 아니다.

따라서 회의의 목표는 3가지를 가지고 있어야 한다.

첫째, 주어진 회의 시간이 얼마라는 것을 명확히 해야 한다. 프로젝트 자체는 몇 주 또는 몇 달이 될 수 있지만, 지금 하고 있는 회의는 1~2시간이다. 자신들에게 주어진 시간이 얼마인지를 공유하고 시작해야 한다.

둘째, 주어진 회의 시간 안에 끝내야 하는 주제가 무엇인지를 밝힌다. 회의 주제가 여러 개일 수 있다. 회의를 시작할 때 진행자가 이 시간에 마무리해야 할 주제를 모두에게 공지하도록 하여, 각 주제에 따라 회의 시간이 잘 배분될 수 있도록 협조를 구한다. 또한 PIR기법에 따라, PIR중에서 어느 단계인지를 명확히 한다면 삼천포로 빠지는 것을 예방할 수 있을 것이다.

셋째, 결과물이 어떤 형태로 나타나야 하는지에 관한 것이다. 단순히 회의록을 기록하면 되는 것인지, 공동작업에 의하여 어떤 작업 결과물이 나와야 하는 것인지, 의사록처럼 기록된 회의록에 참석자가 사인까지 해야 하는 것인지를 구체적으로 밝힐 필요가 있다.

진행자는 회의를 시작할 때와 회의 중간에 회의 목표를 다시 한 번 더 상기시킴으로써 회의 목표를 달성할 수 있도록 유도하는 것이 좋다.

따라서 진행자는 다음과 같은 안내를 하면 좋다.

"오늘 예정된 회의 시간은 총 2시간으로 다룰 주제는 2가지 입니다. 첫 번째는 OO이고 두 번째는 □□입니다. OO은 내려진 결론을 대표님께 보고 드리도록 하고, □□는 아이디어 평가표를 공동으로 작성하는 데까지 할 예정입니다."

참석자의 수

회의를 할 때 사람이 너무 많으면 회의의 성공을 담보하기가 어려워진다. 이는 심도 있는 토론이 이루어지기 어렵기 때문이다. 이상적인 참여자의 수는 4명에서 7명 정도이며, 10명까지는 겨우 진행될 수 있으며, 12명 이상이면 진행하기가 어렵다. 한 사람이 한 주제에 대해 한 마디만 하더라도 30분이 훌쩍 넘어서기 때문이다. 따라서 회의를 운영하는 사람은 참석자의 수를 최대한 줄이도록 노력해야 한다.

참석자의 수를 결정하기 위해서는 아래의 원칙을 정해야 한다.

첫째, 회의에 반드시 들어와야만 하는 사람으로 운영하도록 한다. 정보 공유차원에서 알아야 하는 사람은 과감하게 빼도록 하고, 의사결정, 아이디어 제공, 발제를 해야 하는 사람 위주로 참여시키도록 한다.

둘째, 반드시 참석해야 할 필요는 없지만 필요 가능성이 있는 참석자는 회의장 바깥에 대기하고 있다가 언제든 필요 시에 참석하도록 하는 조치를 취할 수 있다.

셋째, 필요하다면 회의 그룹을 몇 개로 나눠 서로 다른 곳에서 회의를 하게 하고, 각 그룹에서 도출된 회의 결과를 대표자들이 모여 다시 논의하는 방안도 생각해 볼 만하다.

넷째, 회의 주제를 줄여 참석해야 할 대상자를 줄이도록 한다. 회의 주제가 광범위하고, 회의에서 다뤄야 할 일이 많을수록 참석 대상자가 많아진다. 따라서 회의 주제를 줄이고, 회의에서 해야 할 일을 축소한다면 그 참석대상자가 줄어들 것이다.

위처럼 참석대상자를 줄이려고 노력해도 참석인원이 많다면 이유는 한 가지다. 그 동안 습관처럼 많은 사람이 그 회의에 참석해왔을 것이다. 회의 리더는 많은 사람이 참석해야 좋은 결론을 내린다거나, 이왕에 회의하는 것 모두가 있는 자리에서 해야 뒤에 말이 없다는 것을 증명하려는 듯이 참석자를 많이 모으려고 할 가능성이 있다. 참가자는 회의에 참가하는 것이 일을 열심히 한다는 증거라도 되는 듯이 회의에 참가할 수도 있다. 만약에 회의가 이처럼 '노아의 방주'처럼 운영된다면 회의 리더나 참석자 등이 '습관성 회의'라는 병명을 가진 것이 아닌지 진단해 볼 필요가 있다.

주제에 대하여(agenda)

주제는 참여한 모든 사람들에게 영향을 미치는 것이어야 한다. 거꾸로 말해서 주제에 맞게 참석자를 선정해야 한다. 팀 회의를 열려면 팀 전체에 영향을 주는 주제로, 본부 회의라면 본부 전체에 영향을 주는 회의를 가져야 한다. 그래서 주제를 선택하여 PIR중에서 하나를 진행할 수도 있고, 또 PIR전체를 진행할 수도 있다. 회의 운영자는 PIR의 어디까지 진행할 지를 결정해야 한다. 해당 주제의 어디까지 회의에서 이끌어 내야 하는지를 제시하면 더욱 좋은 회의가 된다. 진행자는 다음과 같이 참여한 사람들에게 제시할 수 있다. "오늘 우리가 이 자리에서 의사결정을 내릴 수 있다면 그것으로 좋습니다. 하지만 그럴 수 없다면 다음 달에 열릴 미팅을 위해서 누군가에게 다음 미팅 전에 해야 할 일을 할당해야 합니다."

잘 지껄이는 사람 컨트롤 하기

대부분의 미팅에서 사람들은 제대로 말하기까지 어느 정도 시간이 걸리지만 어떤 사람의 경우에는 처음부터 예외인 경우가 있다. 한 마디로 말이 너무 많은 경우이다. 당신이 진행자일 경우에 그에게 간결하게 말하도록 종이 쪽지를 주거나, 구두로 얘기할 수 있다.

"예 잠시만요. 당신의 얘기는 매우 재미있는 얘기이군요. 하지만 불가피하게 여기서 얘기를 줄이지 않으면 안 되겠네요."

침묵으로부터 건져 올리기

좋은 회의는 운영자(의장)와 참여자와의 대화가 아니다. 참여한 사람들과의 자유로운 토론이다. 운영자(의장)는 안내하고 중재하며, 자극하고 요약하는 역할이다. 만약에 참석자 중에서 두 사람만이 서로 얘기로만 진행되면 사회자는 중간에 끊고 다른 사람들은이 의견에 대해 어떻게 생각하는지를 묻는 것이 좋다. 하지만 수학 선생님이 학생들에게 갑자기 어려운 문제를 던져준 것처럼 모든 학생들이 침묵 속에 얼어붙게 할 수 있다.

침묵은 여러 가지 의미로 해석될 수 있다.

첫 번째는 동의적 침묵이다. 주어진 아이디어나 결정에 대해 모두 동의하는 때는 침묵으로 동의할 수 있다. 이 때 운영자는 모두를 바라보며 모두 이 의견에 동의하고 있는지를 확인해야 한다.

두 번째는 무관심한 침묵이다. 제시된 아이디어나 의사결정이 자신의 일과 무관하기 때문에 자신의 의견을 굳이 제시할 필요가 없다는 뜻이다. 이 때 운영자는 이 의사결정이나 아이디어가 어떻게 영향을 미칠 수 있는지를 의견 제안자에게 설명을 요구할 수 있다.

세 번째는 무의미하다는 침묵이다. 즉 이미 결정되었고 자신이 어떤 말을 해봐야 결론에는 변함이 없기 때문에 지키는 침묵이다. 회의가 제대로 운영되지 않을 때 발생하며, 리더가 이미 결론을 내려놓고 회의를 시작하거나, 다른 의견에 대해 배타적인 태도를 취할 때 일어나는 현상이다. 이는 회의 운영자가 리더일 때 주로 발생한다. 이런 현상을 방지하기 위해서 애초에 회의를 시작할 때 리더가 아닌 사람이 회의 운영을 맡을 필요가 있으며, 결론에 대해 리더를 비롯해 모두가 열려있는 마음으로 다가서야 한다.

침묵으로부터 건져 올리기 위해서는 회의 분위기를 자유롭게 하는 게 중요하다. 참석자가 어떤 의견을 내더라도 비판하기 보다는 '사람마다 다른 관점으로 해석할 수 있다'는 좋은 신호로 받아들이면 분위기는 편안하게 진행될 수 있다.

침묵으로부터 건져 올리기 위한 또 다른 방법은 도구들을 이용하는 것이다. 포스트잇에 단어를 간단하게 적게 하고, 그 종이를 테이블의 가운데 내며 말을 하게 하거나, 마이크 같은 걸 이용해서 돌아가면서 말을 하거나, 색 카드나 사물을 이용해서 비유를 통해 말을 하게 하는 방법 등이 있다.

그래도 정 침묵이 해결되지 않으면 잠시 휴식 시간을 주어 생각할 여유를 주는 것도 한 방법이다.

과열 방지

논쟁하지 마라, 토론하라.

누군가 한 말을 다시 반복하고 있다면 논쟁 중인 것이고, 상대방의 말을 인정하고 있다면 토론하고 있는 것이다. 회의는 서로의 힘을 합치기 위한 시너지의 장이지 상대방을 공격하여 이겨서 자신이 상대방을 밟고 서는 자리가 아니다. 하지만 오랜 동안 경쟁적 환경에서 자란 사람들은 상대방의 얘기를 인정하고 동조하는 것 조차 지는 것으로 생각하는 사람들이 있다. 물론 그런 환경 속에서 자란 사람을 당신이 고칠 수야 없겠지만 그 사람들이 쳐 놓은 덫에 당신이 잡힐 이유는 없다. 당신이 그런 논쟁 속으로 빨려 든다고 생각될 때는 '아차' 하고 깨닫고 빠져 나와야 한다. 과열 방지를 위해 몇 가지 원칙이 필요하다면 정해 놓을 필요가 있다.

과열 방지 원칙

1. 발언 시간의 제한
2. 상대방의 의견에 대한 반대 금지
3. 말 자르기 금지
4. 상대방의 의견에 더하기 장려
5. 나와 상대방은 서로 다르게 바라볼 수 있다는 생각 되뇌기

회의 기록

회의가 끝난 뒤에 기록으로 남길 필요가 있다.

회의 시간(시작 시간과 종료시간)과 참석자, 미 참석자, 누가 진행을 했는지, 토론된 회의 주제와 결론, 실행 계획, 업무 분담 내역 등과 다음 회의 일시와 장소

회의 에티켓

1. 시간을 지켜라

지켜야 할 시간은 3가지가 있다. 첫째는 시작 전에 모여야 한다는 것이다. 한 사람을 기다리기 위해 모두가 기다린다면 그 한 사람은 모두에게 빚을 지고 시작하는 것이다. 둘째 발언을 할 때는 최대한 3분, 보통 1분 이내로 발언하도록 한다. 3분 이상이 걸릴 것 같으면 참여한 사람들에게 동의를 먼저 구해야 한다. 셋째는 끝나는 시간이다. 자신으로 인해 회의가 길어진다면 이 회의 다음에 있는 다른 일정들을 모두 조정해야 한다.

2. 서로 소개한다

소개를 한다. 회의 장소에 서로 모르는 사람이 있다면 소개를 하고 시작한다. 회의 규모가 커서 모두 소개를 못한다면 주요 발언자나 의사결정권자를 높은 순서부터 소개한다.

3. 정직하라

회의를 하다 보면 자기를 방어하거나 돋보이기 위해 거짓말을 하거나 과장되게 말할 수 있다. 말하는 사람은 신이 보고 있다고 생각하라. 그리고 최대한 정직하고 있는 그대로 말하는 것이 모두에게 도움이 되고, 자신에게도 결국 도움이 될 것을 알아야 한다.

4. 확실한 주제를 가져라

확실한 주제를 갖고 시작한다. 확실한 주제는 이 자리에 자신들이 왜 왔는지를 확실히 알게 하고, 또 준비하게 함으로써 참여도와 집중도를 높일 수 있다. 주제와 다른 주제 또는 큰 규모의 주제가 회의 도중에 도출될 경우에는 맨 처음 주제를 먼저 끝내도록 하고, 이 회의에서 다룰 지 다음 회의로 다룰 지를 결정하도록 한다.

5. 자리 배치를 알맞게 하라

알맞은 자리 배치를 한다. 회의 장소, 회의 테이블, 회의 자리 배치, 의자의 종류와 높이 등을 확인한다. 회의 목적에 맞는 회의 장소를 선택한다. 현장 미팅은 현장에서 stand up 미팅을 할 수 있도록 하며, 회의실이라면 주변 소음이 회의를 방해하지 않도록 하며, 빔 프로젝터 등의 사무기기의 배치 유무 등을 확인해야 한다. 회의 테이블이나 자리 배치는 자유로운 발언이라면 둥근 원탁, 의장이 사회를 보며 이끌어 가야 할 때는 극장식 자리 배치, 패널을 두고 토론을 이어가야 하면 U자형 자리 배치가 유리하다.

6. 크게 말하라

모두가 들을 수 있도록 소리를 크게 내야 하고 발음을 명확히 해야 한다. 작은 목소리일 경우에는 마이크를 사용하도록 하고, 발음은 평상시에 소리 내어 책을 읽는 연습을 하여 발음을 명확히 하도록 한다. 작은 목소리는 듣는 이들로 하여금 피곤하게 만들고, 불명확한 발음은 내용의 신뢰도를 떨어트린다. 이는 많은 사람들이 실수를 하는 에티켓이다. 또한 저속한 속어나 농담 등은 자제하도록 한다.

7. 다른 사람의 말을 막지 않는다

다른 사람의 말을 중간에 끊지 않도록 한다. 한 사람의 얘기가 길어지면 사회자가 이를 중지 시키도록 한다. 상황에 따라 사회자는 맨 처음에 한 사람의 발언이 몇 분 이상 할 수 없다 이를 넘을 경우 사회자가 제지할 수 있다고 공지할 수 있다. 만약에 어떤 이의 발언이 길어질 경우에는 '얘기를 도중에 끊어서 미안하다'고 얘기를 하고 발언하도록 한다.

8. 핸드폰을 테이블에 꺼내 놓지 않는다

테이블에 핸드폰을 올려 놓지 않는다. 많은 사람들이 핸드폰을 회의 테이블에 꺼내 놓고 회의를 하지만 이는 좋은 에티켓이 아니다. 회의를 하면서 지속적으로 핸드폰을 바라보거나, 전화나 메시지가 오면 회의 집중을 방해가 되는 장면이 연출되기 때문이다. 만약에 테이블에 핸드폰을 부득이 꺼내 놓고 어떤 전화를 기다려야 할 경우에는 참석자들에게 미리 양해를 구하고 꺼내 놓도록 한다.

9. 커피는 OK, 다른 음식은 양해를 구하라

회의실에 커피나 음료, 간단한 비스켓 정도는 괜찮지만, 그 외의 음식은 참석한 모두에게 동의를 얻어야 한다. 그 냄새나 상황을 싫어하는 사람이 있을 수 있기 때문이다.

10. 당신의 자리는 당신이 정리하라

당신이 떠난 자리는 당신이 정리한다. 무엇을 먹었거나, 자료를 보았다면 그 자리를 당신 자신이 정리한다. 또한 회의가 끝나면 의자를 얌전히 밀어 넣고 나오도록 한다.

11. 마지막에 질문을 삼가라

모든 사람이 짐을 챙겨 나가려고 하는데 질문하지 마라. 회의 중간에 질문하는 게 좋으며, 마지막에 질문한다면 간단하게 하라. 그리고 모두가 퇴장한 다음에 따로 발표자 또는 당사자에게 하는 것도 괜찮다.

12. 비밀을 지켜라

회의는 회의장에서만 하도록 한다. 회의에 참석한 사람들은 공개된 부분에 대해서는 오픈을 하되, 그렇지 않은 회의 내용에 대해서는 그 외부에서 비밀을 지키는 것이 좋다. 그 회의는 오로지 참석한 사람들만의 것이다. 회의에 참석하지 못한 사람들은 오로지 참석한 사람들을 통해서만 그 분위기와 스토리를 전해들을 수 있다. 따라서 참석자에 의해 필터링 되거나 왜곡된 내용이 전달될 수 있기 때문에 공식적인 내용이 아니라면 입 다물고 있는 게 좋다.

Design
Your
Meeting

마을 공동체와 회의

어떤 조직에서나 조직의 방향성 설정을 비롯한 모든 행위를 위한 회의는 당연시된다. 친목 모임은 물론 마을 공동체에서도 조직의 활동을 위한 회의는 반드시 하게 마련이다. 일반적인 공적인 조직 뿐 아니라 비공식적 조직에서도 올바른 회의는 필수 사항이다. 친목모임이나 마을이나 아파트의 운영위원회나 마을 사업을 위한 마을공동체 역시 수많은 회의를 필요로 한다. 이런 회의들을 어떻게 운영할 것인지를 알아보자.

> 1. 모임 목적에 대한 일치감이 중요
>
> 2. 공식적 성격과 비공식적 성격이 혼재된 조직
>
> 3. 효율성보다 효과성에 집중
>
> 4. 느린 회의를 추구
>
> 5. 서로 다르다는 것을 인정
>
> 6. 온라인 회의를 지양
>
> 7. 다수결은 민주주의가 아니다
>
> 8. 참여자 우선의 원칙
>
> 9. 막장 금지

모임 목적에 대한 일치감이 중요

 마을공동체나 마을 운영위원회 등에서 회의를 하다 보면 서로 다른 의견으로 언성을 높이거나 얼굴을 붉히는 경우가 많다. 설사 그렇다 할지라도 이 회의를 이끌어 가는 위원장이나 사회자는 항상 참석자들에게 상기시켜야 할 사항이 있다. 그것은 여기에 모인 목적이 서로를 비난하거나 깎아 내리기 위해 있는 것이 아니라, 참석한 사람들 모두가 '함께' 행복하기 위해서 모였다는 사실이다. 따라서 자신의 의견을 고집할 것도, 상대방의 의견을 무시할 이유도 없다. 즉 회의를 통해서 서로 함께 한다는 느낌을 갖는 것이 좋다. 더구나 상대방이 자신의 의견에 동의한다고 말할 때까지 확인을 할 필요는 더더욱 없다. 회의 시작 전에 사회자는 회의 선언 시에 이 조직이 모인 목적을 다시 상기시킴으로써 말이나 표정 등에서 상대방을 존중하고 이해함으로써 행복공동체가 되어간다는 것을 말하는 것이 좋다.

공식적 조직과 비공식적 조직의 혼재

해당 모임에 대해 너무 공식적이라거나 비공식적인 모임이라고 강조할 필요가 없다. 모인 모두가 알고 있는 사항이다. 너무 공식적이라고 하면 틀에 얽매여서 무엇을 해야 한다는 압박감에 시달려야 하고, 비공식적 모임이라고 하면 공식적인 회의 같은 것은 필요없다고 생각할 수 있다. 어떤 모임이든 이 공식과 비공식 사이에서 적절한 줄타기를 해야 한다. 회의 시에도 너무 딱딱하게 할 필요는 없지만, 의사결정을 내려야 할 때는 단호하게 내릴 필요도 있는 것이다. 따라서 참석자를 비롯한 위원이나, 위원장, 사회자는 이 '적절히'라는 용어를 잘 살펴서 회의를 운영할 필요가 있다.

효율성보다는 효과성에 집중하기

　효율성은 시간과 관련이 있다. 제대로 된 시간 내에 일을 마무리하자는 것이 효율성이다. 반면에 효과성은 좀 더디 가도 제대로 가자는 것이다. 마을 공동체와 같은 조직에서의 회의는 효율성보다 효과성에 초점을 맞추는 것이 갈등을 줄일 수 있다. 시간이 좀 들더라도 제대로 간다면 갈등이 온전히 해결될 수 있기 때문이다. 그러기 위해서는 해당 안건이 도출된 이유와 이에 대한 이해관계자를 명확히 하여 해결 방식까지 차례대로 풀어나가는 것이 순서이다. 문제를 조급히 설정하고 이에 대한 해결방안을 성급히 낸다면 이후에 불거질 갈등을 앞당기게 될 뿐이다.

느린 회의를 추구

　앞서 말한 효과성에 집중하는 회의를 위해서는 선언적으로 "느린 회의를 추구한다."는 슬로건을 앞으로 내세울 수 있다. 충분하게 상대방이 하는 말을 듣고 또 이해관계자를 찾아 그들의 의견을 듣는 등의 절차로 '수레의 네 바퀴는 모두 함께 굴러간다'는 사실을 공감할 필요가 있다.

서로 다르다는 것을 인정

어느 회의나 마찬가지이겠지만 마을 공동체와 같은 모임은 정말 다양한 생각과 행동 반경을 가진 사람들이 모인 집단이다. 그러기에 문제를 바라보는 시각과 문제를 해결하는 방식이 모두 다를 수밖에 없다. 어떤 사람이 보기에는 수준이 낮은 이야기가 나올 수도 있다. 그것을 인정해야 한다. 그리고 자신이 똑똑하다고 자신의 모든 것을 드러낼 필요가 없다. 중요한 것은 그것을 받아들이는 사람들이 아직 여의치 않다면 일정하게 접고 참여하는 것이 더욱 중요하다. 추후에 기회를 봐서 조금씩 함께 수준을 높여나가는 방안을 계획하는 것이 더 좋을 것이다.

온라인 회의를 지양

온라인으로 하는 토론은 하지 말도록 공지해야 한다. 어떤 토론이든 온라인에서 할 필요가 없다. 맨 정신에 얼굴을 보면서 토론을 해도 싸울 수 있는데 이것을 온라인에서 한다면 초장부터 막장이 되고 만다. 따라서 온라인에서는 인사와 근황 정도를 얘기하는 것으로 그치고 의견이나 토론은 모여서 하는 것으로 원칙을 삼는 것이 효과적이다.

다수결은 민주주의가 아니다

배운 것이 손들어서 투표를 하는 것밖에 없다면 민주주의가 아직 멀었다고 생각해야 한다. 충분히 서로 간에 의견을 들어서 의견을 조정하고 통일시켜 나갈 수 있다. 그리고 굳이 통일 시킬 필요가 없다면 그냥 두면 된다. 자신이 하고 싶은 모든 말을 끝까지 할 수 있도록 지켜봐야 한다. 그래야 원이 없다. 위원장이 생각할 때 손을 들어 다수결로 가야 한다고 생각한다면 현재의 논의구조가 무엇이 잘못되었는지를 먼저 고민해야 한다. 그래서 논의의 출발점을 어디서부터 해야 하는지 찾아서 다시 시작하는 것이 좋다. 정말 마지막에 다수결로 가야 한다고 생각하고 다수결을 선택한다면 1인 3표제와 같이 한 사람이 여러 개의 안에 투표를 하도록 해야 한다. 그래서 자신의 의견이 반영이 된 의견이 실행될 수 있도록 물타기를 해야 한다.

참여자 우선의 원칙

조직을 이끌어 가는 사람은 참석자에게 우선권이 있음을 지속적으로 공지해야 한다. 해당 모임이나 회의에 참석하지 않는 것은 의결권을 자신이 아닌 참석자에게 넘긴 것으로 간주하고 회의를 진행한다는 것을 미리 알려야 한다. 그래야 자신이 생각할 때 중요한 의사결정을 할 때는 스스로 참석하도록 해야 한다. 그리고 참석자들은 최선을 다해 자신의 의결권을 행사하도록 해야 한다. 참석하지 않은 사람을 위한 의결권에 대한 책임은 불참자가 져야 한다는 것이 민주주의다.

막장 금지

어떠한 일이 있어도 막말은 금지해야 한다. 이 자리에서 헤어지면 다시 안 볼 것처럼 밀해서는 안 된다. 공동체는 어떻게 하든 다시 볼 사람이라는 사실을 알아야 한다. 따라서 순간적으로 화가 나도 말이나 표정으로 상대방에게 상처를 주거나 무시해서는 안 된다. 온라인에서는 더더욱 안되고 회의를 할 때도 금지해야 한다. 혹 잘못을 저지르면 그 자리에서 사과하도록 해야 한다. 하루 이상 사과를 미뤄서도 안 된다. 막장은 TV에서만이 아니라 현실에서도 금지해야 한다.

Design
Your
Meeting

절차적 민주주의를 위한 합의회의

2018년 3월 12일 청와대 국민청원 및 제안 게시판에 'GMO완전 표시제 시행을 촉구합니다!'라는 제목의 청원 글 하나가 올라왔다. GMO는 Genetically Modified Organism의 약자로 유전자 변형 식품을 일컫는다. 청원 내용은 안전성 논란이 계속되고 있는 식용 GMO를 연간 200만 톤 이상 수입하고 있으며, 국민 1인당 매년 40kg 이상의 GMO(세끼 먹는 쌀 62kg의 2/3)를 먹고 있는데 현행법은 GMO 사용 여부를 강제 표시하는 것처럼 알려져 있다. 하지만, 사실 해당 상품의 99.99%에 아무런 표시가 없다. 그렇다고 Non-GMO 표시도 불가능하기 때문에 GMO인지 Non-GMO인지 표시가 없어 소비자의 알 권리는 심각하게 침해되고 있으며, 어떤 선택권도 주어지지 않는 공공급식, 학교급식에서의 GMO 식품 사용도 금지해야 한다는 내용이었다. 여기서 쟁점이 되는 것은 소비자의 알 권리 보장 및 선택할 권리 보장, 그리고 생산자 보호를 위해 현행 GMO 표시 개정 등이다.

사료용 GMO를 제외한 식용 GMO 수입량으로만 따지자면 한국은 일본을 제치고 GMO 수입 1위 국가이다. 2014년 기준으로 우리나라 국민 1인당 1년 동안 섭취한 GMO 옥수수와 GMO 콩의 양은 각각 22kg와 21kg으로 총 43kg에 달한다. GMO 식품이 어떤 문제가 있기에 도대체 이렇게들 호들갑인가 하는 이들이 있을 것이다. GMO 식품은 연구하는 이들 사이에서도 안전성에 대해 여전히 이견이 분분하다. 다만, 청원의 핵심은 유전자변형 DNA의 검출 여부를 떠나서 유전자변형 원료를 사용해서 만든 제품은 어떤 것이든 간에 무조건 GMO 표시를 하라는 것이다. 소비자들이 제품 구입시 GMO 사용 여부를 알고 선택할지 말지를 결정할 수 있어야 한다는 점에서 소비자의 알 권리와 선택권 보장을 강조하고 있다.

문제는 이처럼 안전성이 완전하게 검증되지 않은 GMO 식품이 국민들로부터 어떠한 합의의 과정을 거치지 않고 지난 1990년도부터 지금까지 수입되어왔다는 점이다.

그렇다면, 정책을 정하는데 있어 국가가 나서서 일반 시민들과 '합의회의'라는 민주적 절차를 거치는 덴마크의 경우는 어떨까. 참고로, 덴마크는 시민합의회의를 통해 2015년 10월 GMO 작물 재배를 금지하기로 결정했다. 시민합의회의는 덴마크 정부가 새로운 과학기술 도입 여부에 대해 시민들이 결정권을 갖도록 1985년에 창설한 기구이다.

"살아있는 동물의 유전자를 조작하는 것은 윤리적으로 용납할 수 없다고 봐요."
"그렇다면 암이나 에이즈 같은 불치병의 치료약은 어떻게 개발하죠?"
"질병 치료를 위한 행위는 불가피한 측면이 있다고 생각해요."
"유전자 조작 동물들을 다시 자연으로 돌려보낼 경우 그들이 일으킬 생태계 교란을 예측할 수 있나요?"

제시된 다양한 의견은 1992년 9월 덴마크 의사당에서 '동물 유전자 조작'을 주제로 사흘 동안 열린 합의회의에 참석한 시민들이 제시한 의견들 중 일부이다. 덴마크에서는 이미 오래전부터 이러한 합의회의가 열려 다양한 시민들의 목소리를 수렴하고자 하는 노력이 활발했다. 우리나라에서는 문재인 정부 출범과 함께 등장한 청와대 국민청원 게시판을 통해 국민들의 목소리를 들을 수 있게 된 셈이니 시기를 놓고 보자면 한 참 늦은 셈이다.

덴마크에서 다룬 시민 합의회의 주제

농업과 산업에서의 유전공학의 응용 (1987)
식료품에 대한 방사능 이용 (1989)
인간유전자에 대한 과학지식의 응용 (1989)
동물에 대한 유전자조작 실험 (1992)
승용차 이용의 미래 (1993)
불임치료 (1993)
전자주민카드 (1993)
가상현실 (1993)
교통정보기술 (1994)
식품과 환경에서의 화학물질의 위험성 평가 (1995)
유전자치료 (1995)
소비와 환경의 미래 (1996)
어업의 미래 (1996)
원격노동(teleworking) (1997)
유전자변형식품 (1999)

덴마크는 의회 산하에 덴마크기술위원회를 두고 있다. 덴마크기술위원회는 1987년부터 매년 두 차례 이상 합의회의를 열어 시민 참여를 통해 과학기술정책을 민주적 결정으로 실현해 오고 있다. 합의회의에 참석한 시민들은 자유롭게 다양한 의견을 제시하고 첨예한 논쟁을 거듭한 후, 밤을 꼬박 세워가면서까지 덴마크 의회와 언론에 보낼 보고서를 작성한다. 당시 합의회의 보고서에 포함된 주요 내용은 다음과 같다.

"동물 유전자 조작을 통해 생산된 상품에는 이를 반드시 명시해야 한다. 인간의 질병을 치료할 목적으로 동물의 유전자를 조작하는 것은 윤리적으로 정당화될 수 있다고 하지만, 단순히 생산효율을 높이기 위한 유전자 조작은 정당화될 수 없다. 생명을 가진 동물을 물건처럼 다룬다면 머지않아 우리 인간 또한 마찬가지로 동일한 취급을 당할까 우려스럽다."

물론 이 내용은 전체 15~30쪽에 이르는 보고서 중 일부이며, 보고서의 내용은 주로 명료한 추론에서 여러 가지 요소를 고려하고 내린 판단이 주를 이룬다. 이 합의회의를 통해 도출된 결론은 정책에 일부 반영되었고, 덴마크 의회가 유전자 조작 방식으로 생산된 제품에 관련 사실을 명시할 것을 규정한 법을 만드는 초석이 되었다.

합의회의가 더욱 주목받는 이유는 참석자들의 다양한 직업과 신분에서 찾을 수 있다. 과학기술 전문가와는 거리가 먼 고등학생에서 교사, 주부 등 말 그대로 일반시민의 대다수를 차지하는 이들이 대거 참석한다. 덴마크는 집단지성이 가진 힘에 주목한 것일까. 덴마크 기술위원회 라르스 크뤼버 소장은 "한 사회가 추구해야 할 목표를 결정할 수 있는 신뢰할 만한 집단은 전문가가 아닌 평범한 시민"임을 강조했다. 오래 전 이건희 삼성 회장이 말한 '1명의 인재가 1만명, 10만명을 먹여 살린다'는 경영철학과는 극적으로 대비된다.

전문가나 정치인 등이 주축이 된 정책입안자들이 내놓은 의견도 결국 일상생활에서 경험으로 체득한 일반 시민들의 다양한 의견과 어우러져 현실에 더욱 부합한 정책으로 거듭날 수 있고, 이러한 과정을 거쳐 만들어진 법은 시민들의 지지를 쉽게 얻는다. 시민사회에서 법이 갖는 집행력이 그만큼 상승하는 효과가 있는 것이다. 합의회의가 가진 가장 큰 장점은 평범한 사람들이 가진 상식이 정책 결정의 한 축을 구성한다는 데 있다. 물론 합의회의의 역할은 전문가와 정치인들로 구성된 정책입안자들과 일반 시민들 사이에 놓인 간극을 좁히고 맞닿을 수 있도록 연결하는 다리와 같다.

시민들의 자발적인 참여야말로 경쟁력 있는 지속 가능한 민주주의를 이끄는 동력이다. 합의회의는 이러한 자발적인 시민들의 참여로 이루어진다. 그렇다면 합의회의는 어떠한 과정을 거쳐 조직될까. 합의회의는 본 회의 6개월 전부터 복잡한 과정을 거쳐 조직되는데, 회의에 참석할 시민패널은 보통 15명 내외의 일반시민들로 구성된다. 기술위원회는 TV 방송과 신문 광고를 내보내거나 무작위로 표본 추출된 2천여명에게 편지를 보내어 나이, 성별, 교육수준 정도, 직업, 거주지역 등 사회·인구·통계학적 기준에 따라 패널을 엄선한다. 참여를 원하는 사람은 자신의 배경과 참여 이유를 적은 1장짜리 편지를 보내야만 한다. 엄선 조건에는 앞으로 다루게 될 주제에 대한 사전 지식을 가지고 있지 않은 인물이어야 하며, 물질적 이해관계 또한 없어야 한다. 이렇게 선정된 시민패널이 무작정 합의회의에 투입되는 것은 물론 아니다. 먼저, 선정된 시민패널은 일정 수준 이상의 질 높은 토론을 위해 본 회의에 앞서 관련 전문가 집단의 조언을 받고 주말을 이용하여 두 차례의 준비 모임을 갖는다.

1차 예비 모임에서 시민패널은 노련한 토론 진행자의 도움을 받아 전문적인 내용이 담긴 배경문서에 대해 토론을 벌인다. 토론이 끝나고 나면 본 회의인 공개 포럼에서 다루게 될 질문지를 작성한다. 기술위원회는 시민패널이 뽑은 질문을 토대로 전문가패널을 구성하는 작업에 착수한다. 전문가패널에는 과학기술전문가를 비롯하여 윤리학, 사회과학 전문가, 노동조합, 산업체, 환경단체와 같은 이해당사자 집단에서 해당 주제에 정통한 대표들에 이르기까지 패널구성이 매우 다양하다.

2차 예비 모임에서는 1차 모임 때처럼 토론 진행자의 도움을 받아 조정위원회가 제공한 배경 자료에 추가 토론을 하고 1차 모임에서 작성한 질문지를 다듬는 시간을 갖거나 전문가패널을 추가하거나 제외할 것을 건의하는 시간을 갖는다. 이후 기술위원회는 전문가패널 선정을 최종 마무리하고, 선정된 전문가패널에게 시민패널이 작성한 질문을 제공하면서 일반인들이 이해할 수 있는 언어로 쉽고 간략하게 구두 및 서면으로 답변을 준비해 줄 것을 요청한다.

공개포럼으로 불리는 본 회의는 사흘 동안 이루어지는데 TV로도 중계 방송되며 언론에도 보도된다. 본 회의의 사회는 두 차례 예비 모임 때 토론을 진행한 사람이 맡는다. 본 회의에는 시민패널은 물론 전문가패널과 언론매체, 국회의원, 그리고 해당 주제에 관심 있는 시민들이 참석한다.

첫째 날, 전문가들이 20~30분 동안 각자 준비해 온 의견을 발표하고 시민패널이나 방청석으로부터 받은 질문에 답변하는 것으로 마무리된다. 둘째 날, 의견에 다소 차이를 보이는 부분을 집중 탐구

할 목적으로 시민패널이 전문가패널에게 반대심문을 하는 시간을 갖는다. 반대심문이 끝나면 전문가패널과 이해당사자 대표들은 본 회의장을 떠나고, 남은 시간 동안 시민패널은 자체 보고서를 작성한다. 보고서 작성은 셋째 날까지 이어진다. 보고서에 작성되는 내용은 시민패널이 합의에 도달한 쟁점을 요약하고 마지막까지 의견을 좁히지 못한 부분을 기술한다. 마지막 날, 전문가패널은 시민패널이 작성한 보고서에서 자신들이 발표한 내용이 명백하게 잘못 기술된 부분을 바로잡을 수 있지만, 작성된 보고서의 내용에 대해 논평할 순 없다. 이후, 시민패널은 그들이 작성한 보고서를 기자회견을 통해 발표함으로써 합의회의의 전 과정이 마무리된다. 우리나라처럼 전문가와 관료, 거대 기업들이 효율과 경쟁력을 앞세우며 결정하는 것과 매우 대비되는 대목이다.

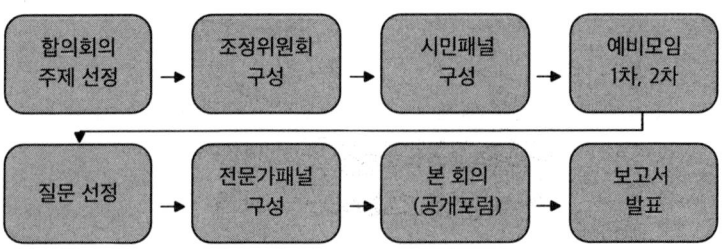

합의회의 진행과정

덴마크가 과학기술 정책을 민주적 합의 절차인 시민합의회의를 성공적으로 정착시킨 데에는 이 나라만이 갖는 특수성이 작용했다. 네덜란드 라테나우연구소의 리니 반 에스트 박사에 의하면, 덴마크 인구는 573만 1천명(2016년 기준)으로 비교적 작은 나라이다. 한강 이남 서울 인구(542만명)보다 약간 많은 정도이다. 인구가 적다는 것은 그만큼 사회적 복잡도가 상대적으로 낮다는 의미이다. 또한, 덴마크는 전통적으로 절대 다수당이 없고 여러 군소정당이 연립정부를 구성해 온 역사가 길다. 연립정부가 갖는 단점은 언제 연정이 깨질지 알 수 없는 불안을 안고 있다는 것인데, 오히려 덴마크는 이러한 정치불안을 광범한 사회적 합의를 이루는 토대로 삼은 것이다.

덴마크가 그간 합의회의를 통해 경험한 노하우를 빌려 네덜란드와 영국·노르웨이·프랑스·스위스 등 다른 유럽 국가들도 적극 도입에 발벗고 나섰으며, 최근 들어서는 미국·캐나다·호주·뉴질랜드·일본 등 비유럽국가에서도 개최되어 전세계로 퍼져나가는 추세이다.

Design
Your
Meeting

회의 프로세스 디자인

성과를 내는 회의를 하기 위해서는 회의를 디자인해야 한다. 회의 디자인은 아래와 같은 5가지의 순서로 진행한다.

> 1. Goal Setting 회의 목적을 정한다.
>
> 2. Output Setting 회의 성과물을 설정한다.
>
> 3. Planning Process 회의 프로세스를 계획한다.
>
> 4. Collecting Data 각 프로세스에 필요한 데이터를 도출 및 준비
>
> 5. Assign Work 일을 할당한다.

Goal Setting. 회의를 하고자 하는 목적을 명확히 하고 시작해야 한다. 즉 회의 취지가 무엇인지 주어진 회의 시간은 얼마인지, 참석자가 누구이고 그 각 참석자가 해야 할 일이 무엇인지를 정확히 해야 한다. 이는 회의를 주관하는 사람이 해야 하고 이를 좌장과 상의하여 합의하는 것이 좋다. 회의를 시작할 때 참석자들에게 회의 목적과 주어진 시간, 해야 할 일등을 미리 설명하여 다른 곳으로 얘기가 흘러감을 방지하도록 한다.

Output Setting. 주어진 시간 내에 도출해야 할 결과물이 무엇인지 명확히 한다. 일정한 양식이 있으면 양식을 보여주고, 프로젝트 결과물이 있다면 그 견본을 보여주는 것이 가장 확실하다. 시간은 한정되어 있으므로 어떻게든 해당 결과물을 주어진 시간 내에 도출할 수 있도록 해야 한다. 이를 통해 중간 중간 딴 데로 새는 것을 방지하고 회의에 집중할 수 있도록 한다.

Planning Process. 해당 결과물을 도출하기 위해서 어떤 프로세스를 밟아야 하는 지를 설명한다. 어떤 일이든 그 일에는 프로세스가 존재하고 그 프로세스를 어떻게 구성하느냐에 따라 효과적, 효율적으로 결과물을 도출할 수 있다. 이를 계획하기 위해서는 선임자나 경험이 많은 참석자에게 부탁하여 미리 준비하도록 하는 것도

회의를 디자인 하라

방법이다. 또 이 계획을 설명할 때 더 좋은 의견이 있는지 물어서 수정하는 것이 타당하다면 그 자리에서 수정하는 것도 한 방법이다.

Collecting Data. 위의 프로세스를 진행하기 위해서는 각 단계마다 의사결정을 위한 Data가 필요하다. 그 Data를 미리 준비할 수 있으면 미리 준비하도록 해야 하고, 굳이 Data가 아닌 각 개인의 정보와 의견이 필요하다면 그 자리에서 Data를 수집하는 것으로 한다.

Assign Work. 회의는 일을 하기 위한 수단이다. 따라서 회의 결과물은 향후 주어진 일을 누가, 언제까지 할 것인지를 결정하는 것이다. 신규 사업 아이템을 선정하였다면 이를 향후 누가 책임을 지고 나갈 것인 지와 향후 일정을 결정해야 한다.

Design
Your
Meeting

회의 10계명

1. 시계를 준비하라

시계는 회의에서 신이다. 시계는 당신을 지옥으로부터 구해줄 수 있다. 모든 사람들이 시간이 어떻게 흘러가는지를 볼 수 있게 하라. 회의가 언제 시작하고 언제 끝나야 하는지도 모두 알게 해야 한다. 회의에서 말을 길게 많이 하면 '째깍 귀신'이 째깍거리며 당신 잠자리를 맴돌 것이라고 경고하는 것을 잊지 말아야 한다.

2. 회의의 안건을 잊지 말라

당신이 회의를 소집한 또는 참석한 이유가 있다. '내가 이 자리에 왜 왔지? 이 자리는 무엇을 하려고 모였지? 어떤 결과가 나오면 성공한 회의가 되는 것이지?' 에 대한 질문을 지속적으로 해야 한다.

3. 정규 업무 시간에 회의를 개최하라

정말 특별한 일이 아니고서는 정규 시간에 회의를 시작하고 끝내야 한다. 정규 시간 이외의 시간을 뺏는다는 것은 그만큼의 열정을 뺏는 것이다. 각자의 삶이 있고, 그 삶을 즐길 권리 역시 갖고 있다. 회사가 그 어떤 것보다 우선한다고 얘기할 수 없다.

4. 타인을 존중하라

이 세상에 어느 누구도 당신이 판단할 대상은 없다. 사람은 각자 살아 온 나름의 방식이 있다. 서로 다르기 때문에 회의를 한다. 타인을 있는 그대로 바라보는 것이 그를 존중하는 것이다. 또한 당신이 한 행동으로 상대방이 어떻게 느낄지를 생각하고 행동하라.

5. 회의보다 더 좋은 방법이 있다면 그것을 선택하라

정보 공유는 회람이나 이메일, 사내 게시판, 모바일 채팅 등을 이용하는 것이 낫다. 교육은 필요한 사람 위주로 따로 시간을 내어 하는 것이 좋다. 모이면 일단 비용이 발생한다는 사실을 명심해야 한다.

6. 정말 회의에 필요한 사람만 참석시켜라

회의에 들어오지 않아도 될 사람을 참석시키면 그 사람도, 그 옆에 있는 사람도 열정이 함께 식는다.

7. 회의가 끝나면 에너지가 넘쳐야 한다

회의를 에너지가 넘치는 회의로 만들어야 한다. 그래서 회의가 끝날 때에는 들어 오기 전보다 더 에너지가 넘쳐야 한다.

8. 회의는 시너지를 목적으로 한다

뭉치면 일의 성과가 더 크게 나야 한다. 각자의 일을 각자 하는 것이 아니라, 서로의 지식과 경험이 모여 더 큰 일을 할 수 있도록 해야 한다.

9. 참석자 모두가 주인이다

이 회의장의 주인은 당신이다. 당신으로 인해 세상이 변한다. 당신이 주인공이듯이 다른 사람도 이 회의장에서 주인공이다. 상대방을 주인공으로 만들어 주려면 당신이 어떻게 말하고 행동해야 하는지 당신은 알고 있을 것이다. 당신이 대접받고 싶은 대로 상대방을 대접하라. 그러면 당신이 주인공이 될 것이다.

10. 세상을 믿지 못하면 바늘 하나 세우지 못한다

당신의 고객과 세상을 믿어야 한다. 고객은 자신에게 필요한 것을 반드시 사게 마련이다. 당신은 그 제품을 만들고 그 사실을 적극적으로 알려야 한다. 어떤 제품을 만들 것인지는 명확하다. 고객이 원하는 제품과 서비스를 만들어야 한다. 어떤 이들은 자신이 원하는 제품을 만든다. 그리고 그 제품을 고객이 사줄 것이라고 생각한다. 자신이 만들고 싶었던, 자신이 원했던 제품은 그냥 맥없이 시장에서 사라진다. 오로지 고객이 원하는 제품만을 생각해야 한다. 그래서 항상 고객의 요구나 욕구를 확인해야 한다. 나보다 다른 경쟁자가 고객의 요구를 더 잘 들어주고 있다면 자신의 제품은 성공할 수가 없다. 경쟁자보다 더 나은 제품과 서비스로 승부해야 한다. 그리고 당신이 그런 멋진 제품을 고객에게 전달할 수 있다는 사실을 알려야 한다. 다양하고 효과적인 방법들을 총동원하여 고객들에게 당신의 제품을 선전해야 한다. 가장 좋은 선전 마케팅은 당신의 제품을 사용한 사람들이 다른 사람들에게 사용을 권하는 방식이 제일 좋은 방식이다. 어떻든 그런 사람들이 많이 늘어날 수 있도록 역시 마케팅을 해야 한다. 그러면 반드시 많은 고객들은 당신의 제품을 선택해 줄 것이다. 당신이 노력한 모든 것에 대한 보상은 이미 세상이 다 준비하고 있다.

Design
Your
Meeting

효과적인 주제

효과적인 주제를 만드는 것은 생산적인 회의를 만드는 가장 중요한 요소라고 할 수 있다. 주제가 중요한 이유는 아래와 같다.

> 1. 회의의 전체적인 윤곽을 설정해준다. 즉, 주제들에 대해 어느 정도 시간이 걸릴지, 어느 정도 깊이 토론해야 할지를 가늠하게 해준다.
> 2. 회의 전에 참석자들은 무엇을 미리 준비해야 하는지 알게 된다.
> 3. 회의에 집중할 수 있게 한다.

어떻게 하면 효과적인 주제 거리를 만들 수 있을까? 대부분의 회의를 주관하는 사람들은 자신들이 매우 흥미롭거나, 의미 있는 주제로 회의를 하고 있다고 생각하고 있다. 하지만 회의에 불만이 있는 많은 사람들은 '하나마나 한 회의를 하고 있다'고 생각한다. 그렇게 생각하는 것 중에 하나가 별 의미 없는 주제로 회의를 하고 있다는 데서 출발한다.

만약 당신에게 이번 달 회의를 주재하라는 명령이 떨어졌다면 어떻게 할 것인가? 무엇을 할 것인가? 우선, 회의 주제를 미리 정하지 않고 회의를 통해 정할 수 있다. 즉 '회의 주제 정하기'가 회의 주제가 되는 것이다. 그럴 경우에는 PIR기법의 Problem 도출 기법들을 이용해 본다.

회의의 주제를 정하기 위한 다른 방법으로, 참석자들이 이미 정해져 있다고 가정하고, 그들에게 메일을 보낸다. 물론 최소한 3~4일 전에는 메일 보내야 한다. 그 메일에는 회의 일시와 장소, 참석 예정자들이 기록되어 있다. 그들에게 어떤 주제로 할 것인지를 요청하라. 그리고 해당 주제의 발제자와 걸리는 시간을 같이 적어 보내달라고 한다.

수합된 주제들의 제목을 헤드라인으로 놓고 그 아래 발제자, 발표시간, 회의 예상 시간을 메모하여 테이블에 나열한다. 만약 당신이 생각한 주제가 있다면 같이 올려 놓도록 한다.

당신은 수합된 주제들 중에서 이번 회의의 정규적인 목적과 시간을 고려하여 몇 가지를 후보에 올려 놓는다. 해당 리스트들을 회의의 최종 의사결정권자나 상급자에게 보고하여 주제를 선택하도록 한다.

당신은 선택된 주제들, 일시, 장소, 주제별 배정 시간, 준비사항 등을 참석자들에게 보낸다. 그리고 개별적으로 그들이 보낸 주제들 중에서 선택되지 않은 주제들에 대해서 향후 어떻게 다룰지(다음 회의에서 다룰지, 또는 의사결정권자들의 의견 등등)를 같이 보낸다.

각 주제를 담당한 사람들에게 1~2일 이전에 자료를 받아 사전에 배포할 수 있도록 한다.

회의 하루 전에 다시 한 번 더 메일을 보내 일정을 확인하도록 한다. 불가피하게 참석하지 못할 경우, 대리 참석자가 있는지를 확인한다.

회의 참석자 분들에게,

① 회의 주제

　 신 상품의 브랜드 네임 결정을 위한 아이디어 회의

② 참석자

　 영업팀 김차돌 과장, CRM팀 오윤아 대리,

　 마케팅팀 송혜교 과장

③ 회의 일시 및 장소

　 20xx년 5월 3일 11시~12시, 본사 창조 회의실

④ 가져올 것

　 사전, 창조적 두뇌, 어린아이 같은 순수함, 세상을 꿰뚫는 지혜

⑤ 발제자: 마케팅팀 송혜교 과장 (5분)

　 참석 시간 늦지 마시고요. 끝나고 같이 점심 식사 있사오니,

　 일정 감안하여 주시기 바랍니다.

마케팅팀 송혜교 과장 드림

Design
Your
Meeting

회의를 재미있게 이끄는 방법

회의는 항상 고리타분하고 진지하기만 한 것일까? 회의를 재미있게 만드는 방법은 없을까? 물론 자신이 진행하는 회의는 항상 재미있다고 아재 개그를 하시는 분들도 있지만 다음의 몇 가지 방안들을 소개한다.

회의에 게임을 도입한다. 누군가에게 말을 하라고 시키기 보다는 간단한 게임을 해서 게임에 이기거나 진 사람이 발언을 하게 한다. 예를 들어 책상 위에 연필을 놓고 돌려서 연필 끝이 가리키는 사람이 발표하게 하거나, 인형을 손에서 손으로 옆 사람에게 전달하게 해서 멈추라고 했을 때 그 인형을 들고 있는 사람이 발표를 하게 하는 것도 방법이다.

회의 시간에 지각하는 사람은 휴식 시간에 다른 사람에게 커피를 타서 갖고 오게 하는 벌칙을 준다. 말로 엄중하게 지적을 하는 것보다, 정해진 회의 시간에 늦게 들어오면 모두 같이 소리친다. "당첨" 그 사람은 휴식 시간에 다른 사람들에게 음료나 커피를 돌리도록 한다.

아이디어 발상법을 활용하도록 한다. Brain Writing 기법이나 섹카느 기법, 포토 스탠딩과 같은 아이디어 도출 기법이나, 색깔모자기법, 아이디어 킬러 대응하기 기법 등 Idea 기법들을 이용하도록 한다.

회의 진행을 리더나 차임이 아닌 팀원들이 돌아가면서 맡아 보도록 한다. 그리고 그 사람들은 새로운 진행 방법을 도입하도록 유도한다. 만약 그 사람이 회의를 한 번도 진행해 보지 않아서 못하겠다고 하면 '모르니까 용감할 수 있다'고 격려하고 진행하게 한다. 그래서 회의 주제를 색다른 방법으로 접근할 수 있도록 해본다. 물론 실수도 있지만 색다른 느낌으로 회의를 접할 수 있다.

NG권을 부여한다. 회의에 대한 부담을 갖는 이유는 사람들이 잘하려고 하는 데서부터 출발한다. 자신이 실수할 수 있다고 생각하거나 오리려 실수를 일부러 해야 한다고 생각하면 마음에 부담이 없어진다. 따라서 실수 할 수 있는 기회를 부여한다. 한 사람당 회의 시간에 3번씩 NG권을 사용할 수 있는 권리 또는 의무를 부여한다. 물론 옆의 사람이 'NG'라고 외침으로서 당신이 NG권을 한 장 사용했다고 얘기해 줄 수도 있다.

특정 단어 배제 게임이 있다. 회의 시간에 사용해서는 안 되는 단어들을 미리 정한다. 예를 들면 '사장님, 옛날에, 아마, 추후에, 아니야'라는 단어를 사용하면 안 된다는 규칙을 정한다. 회의에 참석한 사람들은 자신은 물론 타인의 단어 속에 해당 단어가 들어가는지 재미 삼아 경청하게 된다.

참조
Brain Writing 기법

주어진 주제에 대하여 Post-it 에 생각나는 아이디어를 쓰게 한다. 예를 들어 현재 자사의 A제품에 대한 고객의 평가를 쓰라고 한다. 주어진 시간은 1분~3분 정도이다. 이 때 3장 정도 쓰라고 한다.

이때 1장의 종이에 간단한 단어를 1단어씩 쓰라고 한다. 그리고 서로 돌아가면서 한 장씩 종이를 테이블 가운데에 내놓으면서 왜 그렇게 생각했는지를 설명하라고 한다. 종이를 모두 내놓은 다음에 모아진 종이를 칠판이나 벽에 붙이도록 한다. 한 장씩 붙이면서 서로 비슷한 것은 그 종이의 밑으로 붙이도록 한다. 그러면 크게 몇 가지의 그룹으로 구분되도록 한다. 해당 그룹의 내용을 간단히 요약한다.

색카드 기법

책상 위에 갖가지 색깔의 색카드를 깔아 놓는다. 그리고 주어진 주제에 대하여 어떤 생각이 드는지를 색깔로 대입하고 그 색깔을 선택하도록 한다. 각자는 자신이 선택한 색카드를 하나 집어 들도록 한다. 그리고 돌아가면서 자신이 왜 그런 색깔의 카드를 선택했는지 설명하도록 한다.

포토 스탠딩

잡지에 있는 사진이나 그림들을 자른다. 50여장의 종이를 책상 위나 바닥에 깔도록 한다. 그리고 주제를 주고 그 주제에 대하여 자신의 생각을 표현하기에 가장 좋은 사진이나 그림들을 선택하도록 한다. 각 사람은 돌아가면서 종이를 다른 사람들에게 보여주며 왜 자신이 그 사진이나 그림을 선택했는지를 설명한다.

Design
Your
Meeting

회의를 하는 것은 시간 낭비다?

지당한 얘기다. 회의를 굳이 하는 이유는 혼자서는 힘들기 때문이다. 피터 드러커는 '완벽한 조직은 회의가 필요 없다'고 했다. 완벽한 조직은 정보가 물 흐르듯이 흐르고, 아이디어나 능력이 자신 스스로 완벽하기에 굳이 다른 사람의 아이디어나 힘을 빌릴 필요도 없으며, 힘을 합칠 일도 없기 때문이다. 그래서 피터 드러커의 회의가 필요 없는 조직의 전제 조건은 '완벽한 조직'과 '완벽한 능력'이라는 것이다.

자신이 손으로 완벽한 원을 그릴 수 있다면 굳이 컴퍼스나 둥근

자가 필요 없을 것이다. 하지만 그렇지 못하기 때문에 도구를 필요로 한다. 회의는 자신 혼자의 힘으로 최대의 성과를 낼 수 있다면 그야말로 불필요한 도구이다. 하지만, 그렇지 않다면, 즉 자신과 타인의 힘이 모여 더 큰 힘을 낼 수 있다면 이는 훌륭한 도구임과 동시에 반드시 이용해야 하는 도구임에는 틀림없다. 하지만, 이런 회의라는 도구를 제대로 배워본 사람이 조직 내에 별로 없다는 것은 무엇을 의미할까? 또한 제대로 된 회의를 전파하는 사람도, 본 보기를 보여 줄 사람도 별로 존재하지 않는다는 것은 무엇을 의미할까? 지금까지 잘 되었기 때문에 필요가 없다는 것일까 아니면 누군가는 현재로 만족하기 때문일까.

회의를 통해 신선한 아이디어가 도출되는가에 대한 답변으로 215명 중에 매우 그렇다 0%, 그렇다 30%, 아니다 30%, 매우 아니다 8%로 나타난 것은 어떻게 해석을 해야 할까. 또한 회의에 목적에 맞는 회의 방법을 선택하는가에 대한 질문에 매우 그렇다 0%, 그렇다 28%, 보통이다 28%, 아니다 40%, 매우 아니다 4%로 나타난 것은 회의에 대한 교육이 부족하다는 것을 반증하고 있다.

어느 골퍼가 이렇게 말했다. "정말 골프가 이렇게 어려운 운동인 걸 알았다면 애초에 시작도 안 했을 겁니다. 클럽을 잡는 법, 어프로치, 스윙, 머리 동작, 체중 이동, 마인드 관리 등 끝도 없이 배워야 하고, 그게 쉽지도 않습니다." 그러자 상대방이 이렇게 물었다. "그럼 골프를 안하고 다른 운동을 하시면 어떠세요?" 그러자 그 골퍼는 진지하게 이렇게 말했다. "예, 그러면 됩니다. 그런데…… 그런데 말이죠. 정말 어쩌다가 모든 게 완벽하게 맞아 떨어진 순간이 있어요. 저도 모르게 말이죠. 공이 정확히 임팩트되어 딱 맞아 휭 소리를 내며 제가 원했던 곳으로 날아가는 순간 말이죠. 그 소리와 그 느낌…… 바로 그 느낌 때문에 또 하게 됩니다."

회의를 제대로 맛보지 못한 사람들은 회의가 필요 없다고 한다. 하지만 단 한 번이라도 제대로 회의를 해 본 사람들은 안다.

바로 그 느낌 때문에 도전한다. 회의를 도전한다.

회의에 참가한 모든 구성원이 열성적으로 참여하고 시간 낭비가 없도록 팽팽하며, 회의가 끝난 뒤에 모두의 얼굴에서 '무엇인가 우리가 해냈다'는 표정이 떠오른다.

우리는 그 맛, 그 느낌을 원한다.

Design
Your
Meeting

초일류 기업의 회의 문화

픽사의 브레인트러스트

스티브 잡스가 CEO로 있었던 애니메이션 회사 픽사(pixar). 픽사에서는 브레인트러스트 방법으로 회의를 진행한다. 브레인트러스트에서는 그 누구도 지휘권을 갖지 않는다. 브레인트러스트 참석자들이 가져야 할 한 가지 원칙은 솔직하게 이야기해야 한다는 것이다. 좋으면 좋다고, 이상하면 이상하다고, 솔직하고 적나라하게 이야기해야 한다. 대신 서로의 의견에 날을 세우지 않는다. 브레인트러스트에서 가장 주의해야 할 부분은 적나라한 비판은 감독이 아닌 작품을 향해야 한다는 것이다.

픽사스튜디오 입구

나이키의 산책 미팅

자신이 직접 디자인도 하는 나이키의 CEO 마크 파커는 몰스킨 노트를 들고 산책을 하면서 미팅을 진행한다. 그가 회의를 진행할 땐 그의 공책에 낙서를 하며 아이디어를 끄집어 내었고 경영과 디자인 사이의 균형을 잡게 해주었다.

몰스킨 노트

Yelp의 1대1 미팅

세계 최대의 소문 사이트 Yelp의 제레미 스토플맨은 매주 자신이 쓴 보고서를 가지고 1:1 미팅을 진행한다. 그는 직원들의 문제점과 요구에 대해 직접 듣고 얽힌 문제들을 해결하는 것이 중요하다고 생각한다.

옐프로고

페이스북의 체크리스트 회의

페이스북의 최고운영책임자 셰릴 샌드버그는 회의 시간마다 스프링 노트를 들고 들어간다. 노트 안에는 회의 주제와 실천방향 등이 적혀 있다. 그녀는 노트에 적힌 적힌 것을 하나하나 지워가며 빠트린 것이 없는지를 점검한다.

페이스북 최고운영책임자 셰릴 샌드버그

테슬라의 엄격한 회의

테슬라의 대표이사 엘론 머스크는 엄격한 회의로 소문나 있다. 마감 기한이 지난 뒤에 일을 처리하면 해고한다고 전해진다. 또한 회의를 할 때는 철저히 준비하지 않으면 안 된다. 그가 질문을 했을 때 대답을 하지 못하면 불호령이 떨어진다고 한다.

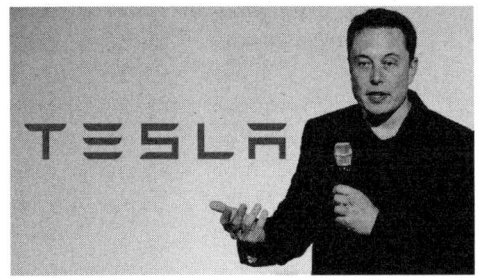

테슬라 최고경영자 엘론 머스크

구글의 효율적 회의

구글의 최고 경영자 래리 페이지는 '효율적으로 미팅하는 법'을 다음과 같이 제시했다.

---

1. 모든 회의는 분명한 의사결정자가 반드시 있어야 한다. 만약 의사결정자가 없거나 의사결정이 이루어지지 않을 거라면 회의를 해서는 안 된다.
Every meeting must have one clear decision maker. If there's no decision maker - or no decision to be made - the meeting shouldn't happen.

2. 10명 이상이 참석해서는 안 된다.
No more than 10 people should attend.

3. 모든 사람은 자신의 의견을 말해야 한다. 그렇지 않다면 그는 거기에 있어서는 안 된다.
Every person should give input, otherwise they shouldn't be there.

> 4. 미팅 때문에 의사결정을 미뤄서는 안 된다. 만약 미팅을 갖기 전에 의사결정이 이루어져야 한다면 즉각적으로 미팅이 이루어져야 한다.
>
> No decision should ever wait for a meeting. If a meeting absolutely has to happen before a decision should be made, then the meeting should be scheduled immediately.

구글 공동창업자 래리 페이지

애플의 미니멀리즘(minimalism)

스티브 잡스는 단순하고 간결한 것을 선호했다. 바로 대답이 나올 수 있도록 간단하고 직접적인 질문을 자주 했고, 그것은 상당히 공격적이기도 했다. 또한 큰 규모의 회의를 싫어했고, 정말 필요한 사람이 참석하기를 원했다. 어떤 회의에서 뒷자리에 배석한 사람에게 누구인지 묻고 이 자리에 필요 없으니 바로 나가라고 했다.

애플 손목시계

IDEO의 회의 5단계

회의나 일하는 방법에 대한 Best Practice는 미국의 IDEO라는 디자인 및 혁신컨설팅 전문회사를 보면 보인다. IDEO는 뉴스위크지가 선정한 '혁신적인 기업 25'에 선정되었다. 그런데 재미있게도 그 순위에 있는 나머지 24개 기업의 혁신에 대해 컨설팅을 해주고 있는 회사다. PC의 새 장을 연 애플의 마우스를 개발하기도 하고, 5일만에 신개념의 카트를 개발하기도 한다. 그들의 방법론은 크게 5가지 기본 단계가 있다.

IDEO가 디자인힌 애플 마우스

1. 이해하기
2. 관찰하기
3. 시각화하기
4. 평가하고 수정하기
5. 실천하기

이해하기

문제를 구체적이고 제대로 파악하는 단계이다. 이 단계는 시작이기도 하지만 참여자 모두가 끝까지 서로 견지해야 하는 항목이다. 문제를 이해하기도 하고, 고객이나 시장을 이해하고, 참여자를 서로 이해하고, 문제를 풀어가는 방식을 서로 이해하고 있어야 한다. 이 단계를 제대로 수행하기 위해서는 fact와 opinion을 구분하는 연습을 먼저 해야 한다. 자신이 어떤 사실을 말할 때 fact를 말하는 것인지, 자신의 의견을 말하는 것인지를 명확히 해야 한다. 회의를 하는 입장에서는 fact를 말하는 시간과 opinion을 말하는 시간을 아예 구분하는 것도 한 방법이다. 그 다음에는 문제를 이해하기 위한 방법을 선택해야 한다. 추후에 서술할 PIR중에서 P(Problem)의 방법을 다시 살펴보기 바란다.

관찰하기

어떤 문제를 바라보는 사람들은 대부분 자신의 선입견을 가지고 있다. 그 선입견을 떼어놓기 위해서는 시간이 필요하다. 자신의 모든 것을 내려놓고 이용하는 소비자나 제도, 기술 그리고 그것을 만드는 사람들을 여러 방면으로 바라보고 관찰하여 기록으로 남겨야 한다. 기록은 사진이나 영상 그리고 인터뷰 등 모든 가능한 수단을 사용하도록 한다.

시각화하기

앞서 수집한 모든 자료들을 시각화해야 한다. 그리고 아이디어들과 그 일처리 방법까지도 시각화해야 한다. 시각화되지 않은 자료들은 모두 폐기 처리한다. 시각화는 시제품이나 프린트하여 벽에 붙이는 것이 좋다. 누구나 그 내용을 바라보고 의견을 개진할 수 있도록 하는 장치다. 일의 진도 역시 시각화한다. 언제까지가 목표이고 그것을 위해 어디까지 와있는지를 누구라도 한 눈에 볼 수 있도록 만든다.

평가하고 수정하기

앞서 만들어진 시제품이나 일의 진도 등을 보고 누구라도 이를 평가할 수 있도록 open해야 한다. 최고 의사결정권자만 평가하고 수정하는 것이 아니라 집단 지성을 믿고 이를 통해 수정해 나가는 것이 훨씬 이상적이다.

Design
Your
Meeting

애자일(Agile) 방법론과 회의

애자일 소프트웨어개발(Agile software development) 혹은 애자일 개발 프로세스는 소프트웨어 엔지니어링에 대한 것으로 프로젝트를 안정적으로 개발할 수 있도록 추진하는 개발 방법론이다. 최근에는 소프트웨어 엔지니어링뿐 아니라 다양한 전문 분야에서 실용주의적 사고를 가진 사람들이 이 애자일 방법론을 적용하려는 시도를 하고 있다.

애자일 방법론은 소프트웨어 개발 방법에 있어서 아무런 계획이 없는 개발 방법과 계획이 지나치게 많은 개발 방법들 사이에서 타협점을 찾고자 하는 방법이다. 계획이 없는 방법론은 앞으로 일어는 일과 일정이 불분명하여 일을 예측하기 힘들고 비효율적이라는 단점을 가지고 있다. 반면에 계획에 너무 의존하는 경우에는 그 형식적 절차가 너무 많아 오히려 그 관리를 하는데 드는 시간과 비용이 더 들어가고, 일 자체를 방해하거나 일의 흐름을 느리게 하는 단점들을 가지고 있다.

그렇기에 애자일 방법론은 계획을 통해서 주도해 앞을 예측해 나갔던 과거의 방법론과는 다르게, 일정한 주기를 가지고 끊임없이 프로토타입을 만들어내며 그때 그 때 필요한 요구사항을 더하고 수정힌다. 이런 과정을 반복하여 커다란 하나의 소프트웨어를 개발해 니가는 적응형 방법론이라고 할 수 있다.

따라서 애자일 개발 방법론은 어느 특정한 개발 방법론이 아니라 말 그대로 애자일(Agile=기민한) 개발을 가능하게 해주는 다양한 방법론 전체를 일컫는 말이다.

애자일 방법론에는 다음과 같은 것들이 있다.

익스트림 프로그래밍(Extreme Programming, XP): 애자일 개

발 프로세스의 대표자로 애자일 개발 프로세스의 보급에 지대한 영향을 끼쳤다. 이 방법은 고객과 함께 2주 정도의 개발을 반복한다. 테스트 우선 개발(TDD)을 특징으로 한다.

스크럼(Scrum): 럭비에서 '스크럼을 짠다'라고 할 때 쓰는 Scrum이다. 한 팀이 돼서 같이 전진한다는 의미를 가지고 있다. 30일마다 동작 가능한 제품을 제공하는 Sprint를 중심으로 하고 있다. 매일 정해진 시간에 정해진 장소에서 짧은 시간의 개발을 하는 팀을 위한 프로젝트 관리 중심의 개발 방법론이다.

그 외에 크리스털 패밀리, Feature-Driven Development, Adaptive Software Development, 익스트림 모델링 등이 있다.

애자일 개발 프로세스를 필요로 하는 조직은 크게 3가지로 나뉜다.

하나는 목표 달성을 위한 조직 내 공통의 프로세스를 가지지 않고 임기응변적 소프트웨어 개발로 혼란에 빠져 있는 조직이다. 그야말로 되는대로 일하고 되는대로 끝내는 방식이다. 혼자서 일할 때는 상관이 없겠지만 두 사람 이상이 모여 일할 때는 효과성도 효율성도 떨어진다. 이러한 프로젝트 팀에게 애자일 방법론은 좋은 힌트가 된다. 더구나 적은 시간과 비용으로 쉽게 도입할 수 있다.

둘째는 소프트웨어 개발에 있어 이미 전통적인 개발 프로세스가 있지만 그야말로 형식적이거나 실시하게 되면 그 관리비용이 커서 안 하느니만 못한 조직에게 필요하다. 이러한 조직에 애자일 방법론은 일하는 목표와 프로세스를 바꿈으로써 조직의 문화를 바꾼다.

세 번째는 소프트웨어 개발이 아닌 다른 프로젝트에 있어서의 일 처리 방법이 없는 조직에 필요하다. 소프트웨어만 프로세스가 필요한 것이 아니다. 게다가 프로젝트 시작점에서 요구사항과 우선순위를 정하고 이를 팀 내에 업무를 배분한다. 또 프로젝트 중간 중간에 고객과 함께 작업량과 상태를 확인함으로써 프로젝트 배가 산으로 갈 수 있는 가능성을 없게 해주는 장점이 있다. 따라서 소프트웨어 이외의 다른 프로젝트도 잘 차용하면 좋은 일처리 방법론이 될 수 있다.

애자일 방법론의 이해

먼저 애자일 방법론은 일처리에 있어서 다음과 같은 모토를 가지고 있다.

1. 소통하라
2. 협력하라
3. 변화를 수용하라
4. 짧게 끊어가라
5. 가치가 높은 것부터 하라
6. 피드백을 구하라

소통하라

크고 잘 보이는 차트를 준비하라. 자신의 팀뿐 아니라 어느 누가 와서 봐도 한 눈에 보일 수 있도록 진행사항을 보이게 만든다. 해당 차트에는 만들고자 하는 목표과제와 그 수행과제를 표시하고 해당 과제들이 완성되었는지, 진행 중인지 혹은 아직 대기 중인지를 알아볼 수 있게 만든다. 그리고 일이 진행되는 내용들을 모두가 공유할 수 있도록 한다. 온라인이든 오프라인이든 진행상황과 문제점을 공유할 수 있도록 한다. 매일 하는 일일 standup 미팅을 통해 간단하게 진행상황을 공유하고 문제점이 있음을 얘기하도록 한다. 또한 회의가 정기적으로 개최됨을 모두 알고 있어야 한다. 자신이나 팀의 문제를 공식적으로 얘기할 수 있음을 알아야 한다.

협력하라

협력의 대상은 고객과 조직 내의 협력이다. 먼저 고객에게 무엇을 바랄 것인지 명확히 해야 한다. 고객은 그냥 일을 시키는 혹은 결과를 가져다 주면 평가만 하는 대상이 아니다. 해당 문제를 같이 해결해야 할 의무를 같이 갖고 있다. 빌릴 수 있는 고객의 힘은 무엇이고 그에 대한 정확한 요구사항을 함께 얘기하여 문제를 해결해 나가야 한다. 내부적으로는 조직 내 도움이 필요한 것과 자신이 할 것을 명확히 할수록 좋다. 정기적으로 고객과 조직 내 회의를 통해 정보를 공유하고 서로 지원을 요청하는 것이 좋다.

적응하라

변화를 수용하고 control하는 것을 포기하라는 말이다. 해당 프로젝트 전체적으로 보면 고객의 요구사항이 중간에 변하는 경우가 허다하다. 고객의 요구사항에 대해 control한다는 것은 쉽지 않다. 일단 변하는 것을 받아들일 준비는 되어 있어야 한다. 하지만 프로젝트를 1개월씩 5번을 끊어서 간다면 그 각각의 1번에 해당하는 1개월은 어떤 고객의 요구사항도 받아서는 안 된다. 그것이 끝나고 피드백을 통해서 수정하도록 한다.

짧게 끊어가라

회의 방법 중에 매듭법이라고 있다. 큰 프로젝트의 경우 짧게 짧게 끊어서 그 때 마다 성과물을 내면서 나가라는 회의법이다. 이와 마찬가지로 애자일은 프로젝트를 길게 끌지 말고 매달 끊어서 성과물을 확인하고 다음 단계를 시작하도록 한다. 하지만 대부분 프로젝트를 진행하는 사람들은 그렇게 하면 비효율적이라거나 일의 특성상 그렇게 짧게 성과물을 보여줄 수 없다고 강변한다. 하지만 그럼에도 불구하고 매듭을 짓지 않으면 마지막에 후회하게 된다.

가치가 높은 것부터 하라

어떤 일이든 일을 했으면 일한 티를 내라는 말이다. 가치가 높은 것은 일한 티를 내기 때문이다. 일의 본질을 깨달아야 한다. 이번 일의 핵심이 무엇이고 그 핵심의 근간을 이루는 것이 무엇인지를 먼저 설정해야 한다. 구성원간에 무엇이 핵심 되는 일인지를 함께 설정하고 진행해 나가도록 한다.

피드백을 구하라

고객에게 피드백을 구하고 팀의 리더에게 피드백을 구해야 한다. 팀 리더는 끊임없이 고객의 요구사항을 반영하고 있는 것인지를 확인해야 한다. 자신의 일의 절반은 고객과의 미팅이어야 한다. 그 다음으로 구성원들 간에 소통이 원활하게 되고 있는지를 살펴서 커뮤니케이션관리를 해야 한다.

애자일 방법론을 프로세스로 그리면 다음과 같다.

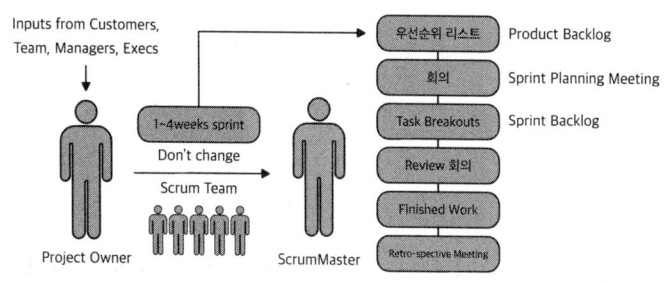

그리고 각 프로세스들은 나름의 독특한 회의 방식과 내용을 가지고 있다.

> 1. 일일 Standup Meeting: 매일 아침마다 전 날의 결과와 피드백
> 2. 제품 Backlog 회의: 만들고자 하는 제품의 요구 사양서 만들기
> 3. Sprint Planning 회의: 제품을 만들기 위한 일과 우선순위, 일의 배분
> 4. Review 회의: 일정 기간이 후에 만든 제품을 고객과 함께 평가하는 회의
> 5. Retrospective 회의: 팀 내에서 과정과 결과를 평가하고 개선하는 회의

일일 Standup 미팅

매일 아침 15분정도 서서 하는 미팅이다. 서서 하는 이유는 길 필요가 없고 길어서도 안 되기 때문이다. 아침에 회의로 온통 시간을 잡아먹으면 오후 내내 업무가 꼬이게 된다. 최대한 짧게 해야 한다. 그러기 위해서 주제는 최대한으로 줄여야 한다. 이 Standup 미팅의 주제는 어제 마감한 일과 오늘 할 일 그리고 문제점이다. 어제 무엇을 했는지 그리고 오늘 할 일을 돌아가면서 얘기한다. 그러고 난 다음에 자신의 일에 어떤 문제가 있는지 짧게 이야기 한다. 없으면 없다고 한다. 그 문제를 누군가 즉시 해결책을 내릴 수 있

으면 그 자리에서 해결책을 제시한다. 만약에 팀 리더가 그 문제를 더 들어보고 더 고민해야 하면 회의가 끝난 후 1대1 미팅을 통해서 그 문제를 집중해서 논의한다. 집중 논의에 필요 없는 사람들이 그 문제를 해결하는 과정을 굳이 들을 필요가 없다. 시간은 15분 이내에 무조건 마치도록 한다. 만약 시간이 더 길어지면 어디까지나 팀 리더의 탓이다.

제품 Backlog 회의

필요로 하는 완성품 또는 프로젝트의 결과물을 먼저 설정하도록 한다. 이 때 굳이 소프트웨어일 필요는 없다. 회의를 통해서 달성하고자 하는 결과물(예를 들면 중장기 사업계획, 신규투자방안, 영업전략, 신제품 마케팅 방안이라고 해도 좋다)이라고 생각하면 좋다. 그 최종 결과물을 다시 세부 item으로 쪼갠다. 세부 item을 다시 쪼갤 수 있는데 까지 쪼갠다. 중장기 사업계획이라고 한다면 내부 강화전략과 시장 확대 전략이라는 2가지의 item을 미리 설정할 수 있다. 내부 강화전력은 다시 인적 역량강화 방안과 정보인프라 구축 방안으로 나눌 수 있다. 이렇게 item을 세밀하게 쪼갤 수 있는데 까지 쪼개고, 이를 다시 업무 단위로 묶을 수 있으면 다시 묶도록 하여 일이 한 눈에 보일 수 있도록 만든다.

Sprint planning 회의

단거리 경주를 말한다. 최단시간 즉 1주일에서 최고 4주간 정도의 시간을 주고 달성할 수 있는 일을 가늠하도록 한다. 방법은 위의 Backlog회의를 통해 item을 나눈 후 그 일의 카테고리를 도출하도록 한다. 그리고 나서 해당 일을 담당할 직원을 배치하고 걸리는 시간을 계산하도록 한다. 일의 총량을 계산하고 매일로 나눴을 때 며칠이면 되는 지를 계산한다. 일일 업무 시간은 4시간 정도로 한다. 업무 시간이 7~8시간이라고 하더라도 4시간 정도로 계산해야 버퍼가 생긴다.

Review 회의

어떤 일이든 review를 통해 feedback을 받도록 한다. 특히 고객이나 최종 보고 라인라인부터 받는 피드백은 중요하다. 자신들이 한 일이 무엇인지를 명확히 드러내고 이에 대한 고객이나 의사결정권자의 의견을 들어 향후 진행방향을 설정하도록 한다.

Retrospective 회의

 업무 추진팀의 내부 평가 회의를 통해 개선할 점들을 개선하도록 한다. 일의 진행과정에서 잘한 점과 잘못한 점을 평가하여 추후 일이 원활히 수행될 수 있도록 한다. 회식과 겸해서 하기 보다는 먼저 정식 회의를 통해 일의 전략과 계획 그리고 커뮤니케이션에 문제가 없었는지를 돌아보도록 한다.

Design
Your
Meeting

직원들이 회의할 때 아이디어를 내지 않는 이유

직원들이 회의할 때 자신의 생각을 말하거나, 아이디어를 내지 않는 데에는 이유가 있다.

1. 그게 문제라고 생각하지 않는다.

당신이 맨 처음에 회의를 시작할 때 "이것이 문제인데, 어떻게 하면 해결할 수 있을지 얘기 좀 해봐."라고 말했다면 시작부터 잘못되었을 수 있다. 직원들이 볼 때 정작 해결해야 할 문제는 다른 데에 있는데, 즉 그게 문제가 아닌데 그에 대한 아이디어를 내라고 하면 애초부터 시작이 잘못된 것이다. 회의는 문제를 정확히 잡아내는 것부터 시작해야 한다. 일어난 현상은 그냥 현상일 뿐이지 문제(원인)가 아니다. 이렇게 물어봐야 한다. "이번에 발생한 사건에 대한 원인이 무엇이라고 생각하는지 거기서부터 출발합시다."

2. 어차피 정답은 정해져 있다.

직원들이 왜 자신을 이 회의장에 데려다 놓았는지 모르겠다고 제일 많이 하는 얘기다. 팀장 당신이 얘기를 다 할 것이며, 이미 답은 어떻게 할 것이라고 다 정해놓은 상황에서 왜 이 자리에 우릴 불러 놓았는지 모르겠다는 것이다. 그냥 이렇게 하기로 했으니 따르라고 이메일 하나 보내면 될 것을 말이다. 이 문제에 대한 아이디어나 답은 이미 정해져 있다. 탁상공론만 하든 아니면 리더가 내놓은 의견대로 가든……. 정말 아이디어가 필요하다면 자신의 생각을 내려놓고 회의실에 들어가야 한다. 그릇을 채우려면 먼저 비워야 한다.

3. 나하고 상관없는 일이다.

직원들은 이렇게 생각한다. '나한테 묻는 게 아니다.'라거나, '남의 일에 끼어들어 손해 보면 안 된다.'라고 말이다. 나하고 상관없는 일에 내가 끼어들어 감 내놔라, 대추 내놔라 할 필요가 없다. 나중에 동료들한테 밉상으로 찍히기 쉽다고 생각한다. 그래서 회의에 참석할 사람을 신중하게 선택해야 한다. 관련 있는 사람만을 참석하게 해야 한다. 또 필요한 사람이 오지 않아도 맥 빠지는 회의가 된다. '이 사람이 정말 이 회의에 필요할까?' 라는 의문을 가져야 한다.

4. 내가 아이디어를 내면 그 일을 나보고 하라고 한다.

혹시 직원이 아이디어를 내면 "그럼 당신이 한 번 해 봐."라고 하지 않는가? 직원들은 '지금 내가 할 일도 산더미다. 그런데 내가 좋은 아이디어를 냈다고 나보고 하라고 하면 큰일이다.'라고 생각한다. 그 책임에서 벗어나게 해 줘야 마음껏 아이디어를 내게 된다. 아이디어를 내는 사람이 실행까지 잘 할 수 있다는 것은 착각이다. 제갈공명은 아이디어를 내고, 장비는 나가서 싸워야 한다. 제갈공명 보고 "네가 아이디어 냈으니, 나가서 함 싸워봐!"라고 말할 사람은 없을 게다. 그래서 PIR기법으로 진행을 해야 한다. 아이디어를 내는 것과 그것을 실행하는 Role & Responsibility는 서로 구분해서 진행해야 회의가 회의답게 진행될 수 있다.

5. 이 시간만 버티면 된다.

　직원들은 이렇게 생각한다. '이런 회의는 반복되기 때문에 성질 급하게 나서면 안 된다.' 결국 아이디어가 중요한 게 아니라 리더가 자신이 이렇게 회의를 할 수 있는 권한이 있다는 것을 보여주는 것이라고 생각한다. 리더는 자신에게 아이디어를 물어보는 것이 아니라, 왜 그 동안 이 일을 이렇게 못했는지를 깨기 위한 자리가 이 회의의 목적이라고 직원들은 생각한다. 직원들은 리더가 원하는 것을 맞춰주면 되는 것이라고 생각한다. 리더가 아이디어를 내지 않는다고 화를 내지만 화를 낸다고 일이 해결되는 게 아니다. 대부분의 책임은 그 회의를 진행하는 리더에게 있다. 축구 선수 한 명이 경기를 잘못하면 그 선수를 교체하면 되지만, 11명의 선수가 잘못하고 있다면, 감독을 교체해야 한다. 그래서 리더는 될 수 있으면 회의를 주재하기 보다는 같이 참여하는 것이 좋다. 앞에서 말한 것처럼 돌아가면서 회의를 진행하게 하거나 외부에서 진행자를 초청하는 것도 한 방법이다.

Design
Your
Meeting

회의가 어려운 이유

"저는 잘 하고 있습니다."

회의 컨설팅을 하면서 제일 어려운 것은 회의를 이끌어 가는 리더가 이렇게 생각하고 있을 때이다. 그리고 대부분의 리더가 정말 이렇게 생각한다. 아무도 자신에게 지금의 회의 운영 방식에 문제가 있다고 말하는 사람이 없기 때문이다.

그럴수록 자신은 잘 하고 있다는 생각이 고착화 된다. 이런 류의 사람들은 다른 회의 즉 자신이 리더가 아닌 회의에 들어가면 숨막

혀 한다. 그건 회의가 아니라고 생각한다. 즉 임원들은 대표가 주재하는 회의에 들어가면 문제가 있다고 생각하고, 자신이 주재하는 회의는 아주 잘 한다고 생각한다. 팀장들도 피차 일반이다.

잘하고 있는지 못하고 있는지 한 번 체크해 보자.

1. 회의와 보고가 구분되는지 살펴보라

대부분 기업에서 하는 회의는 보고다. 회의라고 하면서 보고회를 하고 있다. 또한 보고를 하고 나서 정작 회의는 하시 않는다. 즉 문제해결회의를 하지 않는다. 그런 리더늘은 보고를 받으면서 문제를 해결한다고 생각한다. 간단하게 담당자들의 의견이 무엇인지 물어보고 리더 자신이 결론을 내린다. 그게 효율적이라고 생각한다. 하지만 정작 문제는 '뭐가 문제인지 명확하지 않다.'는 것이다. 과거에는 주어진 문제가 있어서 그 문제를 잘 푸는 모범생이 대접을 받았지만, 복잡다단한 환경하에서는 무엇이 문제인지 잘 모른다. 더구나 리더는 자신의 하위에서 벌어지는 세세한 사항들에 대해 모두 알 수 없다. 과거의 경험에 의해서만 문제를 풀려고 한다. 하지만 이미 지금의 문제는 현재의 문제이지, 과거 그대로의 문제가 아니다. 그러기에 구성원들과 함께 문제를 정의하고, 문제를 함께 풀어가야 한다. 그것은 보고 및 지시로 풀 수가 없다. 정식으로 아젠다를 꺼내고 무엇이 문제인지, 어떻게 하면 가장 효과적으로 문제를 해결할 수 있을지 머리를 맞대야 한다.

2. 구성원들이 충분히 합의가 되는가

리더들은 자신이 구성원들에게 명령을 내리면 그대로 따라야 한다고 생각한다. 당연한 것 같지만 대부분 여러 가지 경로로 따르지 않는다. 어렸을 때 선생님의 강압에 대응했던 여러 가지 방식으로 그랬듯이 말이다. 그 이유는 간단하다. 첫째 그 아젠다에 동의하지 않을 수 있다. 즉 문제는 그게 아닌데, 엉뚱한 것을 건드리기 때문에 심적으로 따를 수가 없다. 둘째는 자신이 참여하지 않았기 때문에 따르지 않는다. 굳이 회의 시간에 여러 의견을 내서 자신이 그 일을 하고 싶지 않다. 그래서 아무 의견을 내지 않는 것이 상책이다. 따라서 회의는 말하지 않는 구성원들 덕분에 열 받은 리더의 일방적인 회의로 흐르게 되고 더더욱 구성원들은 참여를 하지 않게 된다.

3. 회의 주제가 명확한 결과물을 요구하는가

회의는 결과물이 무엇인지 명확해야 한다. 그래서 사회를 보는 사람은 주어진 시간 내에 해당 결과물을 도출해야 함을 지속적으로 독려해야 한다. 그런 이유로 해당 주제에 대한 결과물을 효율적으로 도출하기 위한 여러 가지 방법을 사용해야 한다. 브레인 라이팅이나 우선순위 도출기법 등을 사용하여 발언하게 하고 그것을 잘 정리하여 그 자리에서 동의를 얻도록 해야 한다.

4. 회의가 끝나면 회의에 대하여 평가하는가

회의는 엄연히 기획되고, 실행하며, 마지막에 역시 평가까지 이루어져야 한다. 그래서 회의를 지속적으로 개선할 수 있도록 해야 한다. 우리 회사에 문제를 해결할 수 있는 시스템이 미련되어 있는지, 그것이 과연 효율적인 것인지, 더 효율적으로 할 수 있는 방안은 무엇인지를 검토해야 한다. 그러기 위해 지금 막 끝난 회의에 대하여 '결과를 정확히 도출했는지', '전 구성원들은 적극적으로 참여했는지', '시간에 대한 안분은 잘 했는지', '데이터를 근거로 한 의사결정을 내렸는지' 등을 살펴 다음 회의 때는 한층 더 발전한 회의가 될 수 있도록 만들어야 한다.

Design
Your
Meeting

직원들에게 아이디어를 내게 하려면

1. 회의의 주인공은 리더가 아니다.

당신이 회의 참석자 중 최고 직위에 있는 사람이라면 회의를 주도하지 마라. 여기에 참석한 모두를 주인공으로 만들어야 한다. 당신이 알고 있는 것은 하나의 의견일 뿐이고, 모두의 생각들이 일단 도가니에 들어와 혼합되어야 한다. 그러기 위해 당신이 회의를 주도하지 마라. 사회도 당신이 볼 필요가 없고, 오히려 봐서는 안 된다. 당신도 팀원의 한 사람으로 회의에 참석해야 한다. 직원들이 당신의 눈치를 보며 말하고 있다면 아예 그 회의에서 빠져야 한다.

2. 아이디어에 의견을 달지 마라.

 당신이 리더라면 직원들이 낸 아이디어 하나하나에 의견을 내놓을 필요가 없다. 모든 의견이 다 필요하다는 생각을 가져야 한다. 아이디어는 많으면 많을수록 좋다. 아이디어를 평가하는 시간이라면 리더인 당신도 한 명의 팀원처럼 함께 하도록 한다. 리더인 당신이 아이디어를 평가하면 그걸로 이미 결론이 난 것처럼 직원들에게 들릴 수 있다. PIR방식으로 회의를 진행하면 도움이 많이 될 것이다.

3. 당신 혼자서는 부족하다는 주문을 걸어라.

 왜 회의를 하는가? 당신 혼자 보다는 합한 힘이 낫기 때문이다. 흔히, 집단지성의 힘이라고 하지 않는가. 함께 하면 힘이 배가된다. 당신은 정말 부족하다. 현장에서 일어나는 모든 일들을 당신이 모두 알 수도 없고, 알아서도 안 된다. 오로지 그들의 힘이 필요할 뿐이다.

4. 좋은 아이디어 혹은 나쁜 아이디어는 없다.

좋은 아이디어 혹은 나쁜 아이디어는 없다. 아이디어는 그저 아이디어일 뿐이다. 채택되지 않은 아이디어는 그 만큼의 역할을 하게 된다. 왜냐하면 채택되지 않은 아이디어는 채택되지 않은 기준을 제시하기 때문이다. 그리고 어떤 아이디어든 그 아이디어를 내놓은 사람에게 책임을 지우려 하지 마라. 책임을 지우려 든다면 아무도 그 다음부터 자신의 생각을 말하는 사람은 없을 것이다. 또한, 아이디어를 내놓은 사람도 자신의 아이디어를 책임지려고 자꾸 옹호하지 마라. 자신의 아이디어도 여러 아이디어 중 하나(one of them)일 뿐이다.

5. 너무 쓸데없는 얘기로 분위기를 흩트리지 마라.

회의에 집중해야 한다. 이야기가 중구난방 흐트러지면 생각났던 아이디어가 사라진다. 회의는 회사의 가장 중요한 의사결정 도구이며, 신성한 시간이다. 너무 딱딱할 필요도 없지만, 너무 방만하게 운영해서도 안 된다. 집중할 수 있도록 분위기를 잡아 갈 필요가 있다.

6. 아이디어를 내는 수많은 방법이 있다.

그냥 아이디어를 내라고 하지 말고 아이디어를 생각해 내는 다양한 방법을 활용하라. 브레인스토밍 말고도 수십 가지의 아이디어를 내는 방법이 있다. PIR 기법들을 참고하기 바란다.

2장

PIR 회의 기법

Design
Your
Meeting

회의는 PIR 기법으로

　회의의 목적은 문제를 발견하고 이를 해결하기 위한 아이디어를 내고, 이에 따라 책임자를 선정하여 일을 할 수 있게 만드는 것이다. 그런데 이러한 절차를 무시하는 경향이 곳곳에서 벌어지고 있다. 어떤 사건이 발행하였을 때, 대부분 문제가 이미 정해져 있다고 생각한다. 발생한 문제가 있으니 그 문제를 해결할 아이디어를 내라고 하거나, 그 문제는 당신이 책임자이니 당신이 해결책을 갖고 오면 그 해결책을 갖고 논의를 하겠다는 등의 형태로 회의가 진행된다.

하지만 발생한 사건과 그에 대한 문제는 다르다. 몸에 두드러기가 났다고 하여, 몸에 난 두드러기가 문제라고 할 수 없다. 알레르기가 문제인지, 식중독이 문제인지 따져 봐야 할 것이다. 또한 그 사람이 비록 그 사건의 책임자인 것은 맞지만 그 사람이 그 문제를 잘 해결할 수 있느냐는 역시 별개의 문제다.

이러한 회의의 문제점을 해결하기 위해서는 좀 더 순서적이고, 내용이 구분된 회의를 진행해야 한다. PIR기법은 Problem, Idea, Role & Responsibility 의 약자로 회의의 내용을 이 순서로 하는 기법이다. 순서적으로는 Problem → Idea → Role & Responsibility의 순서를 따라야 한다.

Problem은 해당 사건이 벌어졌을 때, 또는 해결하고자 하는 어떤 일에 대하여 "그것이 정말 문제입니까?"라고 다시 짚고 넘어가는 첫 번째 관문이다. 이를 위해서 문제의 탐색, 특성분석, 결정 기법이 있다. 문제의 탐색기법은 또 다시 나뉘는데 어떤 요소에서 문제가 생겼는지를 알아보는 요소, 현재와 목표수준과의 차이를 분석하는 Gap분석 방법, 목표가 되는 모델과 비교하는 모델링 기법, 전체적으로 스캔 하듯이 모니터링하며 분석하는 모니터링 기법 등이 있다.

Idea는 해당 문제를 해결하기 위해서 어떤 아이디어로 수행할지를 결정하는 단계이다. 이를 위해서 아이디어 개발기법, 결과 추정기법, 선택 기법 등이 있다.

Role & Responsibility는 해당 문제를 주어진 아이디어로 해결하고자 할 때 이에 대한 책임과 역할을 어떻게 할지를 정하는 단계이다. 이를 위해서 사업의 특성분석, 프로세스 분석, 보유자원의 특성 분석, 책임자 선정 기법 등이 있다.

PIR 회의 기법

Problem	Idea	R&R
문제의 탐색기법	아이디어 개발기법	사업의 특성분석
문제의 특성분석기법	아이디어결과 추정기법	사업의 프로세스분석
문제의 결정기법	아이디어 선택기법	보유자원의 특성분석
	아이디어 실행기법	책임자 선정기법

문제의 탐색 기법

번호	기법	개요와 핵심용어
1	자아확신 기법	본인이 가지고 있는 좋은 특성과 성취한 성과들을 기억하게 함으로써 긍정적인 생각과 태도를 갖게 하는 방법 긍정적 태도, 창의적 마인드, 문제와 기회의 탐색, 창의적 구성원
2	파레토 기법	수집된 자료를 특성 별로 분석해서 문제를 이해하는 기법 8:2법칙, 객관적 자료, 문제진단
3	KPI분석 기법	개인, 부서, 사업부 차원에서 관리해야 할 핵심성과 지표를 찾아 내고, 목표와 실제치를 비교해서 숨어있는 문제와 새로운 기회를 찾아내는 기법 내부환경, 핵심성과지표, 문제와 기회탐색
4	7S모형 기법	전략, 공유된 가치, 관리능력, 조직구조, 제도, 인적자원과 직원, 리더십 스타일 등의 요소들을 평가하여 기업의 경쟁력을 평가하는 기법 문제와 기회의 탐색, 내부환경분석, 7S

5	STEP 모형 기법	사회/문화환경, 기술환경, 경제환경, 정치 및 법적 환경의 네 가지 영역에서 가져다 주는 문제와 기회를 탐색하는 기법 외부환경, 거시환경분석, 산업환경분석
6	경쟁세력 모형 기법	경쟁세력의 변화와 영향을 분석해서 산업구조의 특성과 매력도를 분석하고, 이를 기반으로 하는 경쟁전략을 수립 하는 기법 경쟁세력, Five forces (경쟁사, 공급자, 협력사 및 대체재, 진입예정자, 고객), 기회와 위협
7	STP분석 기법	목표시장을 여러 세부시장으로 세분화해서 세분화된 시장의 매력도를 분석하고, 표적시장을 선정한 다음에 자사제품의 위치를 결정하는 기법 Segmentation, Targeting, Promotion
8	고객의 3不 분석 기법	고객이 가진 3不 (불편함, 불균형, 불일치) 을 찾아내어 새로운 문제와 기회를 찾아내고 고객이 가진 니즈를 분석하는 기법 불편함 : 고객이 활용하는데 불편한 요소 불균형 : 고객이 원하는 것을 제공하지만 그 양이나 질이 부족한 요소 불일치 : 고객에게 제공하지만 고객이 원하지 않는 것

9	카노(Kano) 분석 기법	제품의 특정 기능 및 가치 강화에 따른 소비자 만족도와 불만족도 분석 제품 기능의 필수도와 매력도를 분석
10	360도 레이더 스크린 기법	경쟁사를 찾아낼 두 가지 경쟁기준 (목표고객, 제품, 서비스) 을 설정 경쟁기준에 따라 경쟁 정도를 고려하여 경쟁사를 탐색 주요 경쟁사가 가져다 줄 수 있는 문제와 기회 탐색
11	이해관계자 분석 기법	이해관계자들 (고객, 직원, 협력사, 정부, 시민단체 등)이 주는 문제와 기회를 분석함
12	벤치마킹 분석 기법	벤치마킹 하고자 하는 항목을 정하고, 맞는 대상을 선정함. 각 항목별로 자사와 벤치마킹 대상을 비교 분석함 사례를 바탕으로 참고하거나 피해야 하는 요소를 파악하는데 쓰임

문제의 특성 분석 기법

번호	기법	개요와 핵심용어
1	인지 기법	문제와 관련된 하나의 사실에서 출발하여 so what 또는 why를 계속 물어가며 꼬리를 무는 기법
2	단어게임 기법	해결하고자 하는 문제를 하나로 정의하고, 그 문장을 계속 다른 단어로 바꾸어 가며 정의하는 기법
3	시스템 다이어그램	문제를 구성하는 요소들을 나열하고 그 요소들이 어떻게 상호 작용하는지 시스템 다이어그램으로 그리는 것
4	인과관계다이어그램 Fish Bone diagrams	하나의 결과를 놓고 그것이 어디에서 원인이 되었는지를 분야별로 그려 나가는 것
5	Why-Why 기법	해결하고자 하는 문제나 기회를 정의하고 why라는 질문을 반복해서 문제의 원인이나 동인을 찾아 내는 것
6	KT 기법 (Kepner-Tregoe)	문제와 관련한 사실(is)과 사실이 아닌 것(is not)을 찾아서 분류. What, where, when, To what extent, who

7	Do-Nothing 기법	문제를 정의하고, 그 문제를 해결하지 않을 때 발생할 수 있는 예상 결과를 분석함. 발생할 수 있는 결과를 중심으로 문제해결 목표로 설정함
8	가정분석 기법	문제를 정의하고, 그 문제가 발생하게 되는 가정, 이유, 타당성을 검토함
9	문제범위 확대 기법	문제를 정의하고, 해결방안을 찾아 분석하면서 문제에 대한 관점과 범위를 재검토 함

문제의 결정 기법

번호	기법	개요와 핵심 용어
1	문제 우선순위 기법	해결해야 하는 문제와 기회를 나열함 중요도와 긴급 정도에 따라 분류하여 중요도와 긴급 정도가 높은 과제를 선정함
2	목표스트리밍 기법	문제와 기회의 기본목표를 결정하고 기본목표를 세분화 함. 세분화한 목표들의 순위를 결정함
3	가치나무 기법	최종의사결정자(고객)의 치중목표인 총 만족도를 구성하고 있는 속성을 탐색. 각 속성(성능, 편의성, 가격)에 관련한 목표를 탐색. 목표를 측정할 수 있는 측정수단을 탐색
4	SMARTA 기법	Specific, measurable, attainable, result-oriented, time-bound, authority-bound 해결하고자 하는 문제를 나열. 6개 평가항목으로 문제후보를 평가(O,X), 한 항목이라도 X를 받은 문제 후보를 제거하고, O받은 문제후보를 선택함

5	Why-Method 기법	지속적인 why를 통해 문제 이해를 넓히고, 다양한 측면에서 문제 정의
6	문제재정의 기법	문제나 기회를 정의함. 문제의 단어 변경, 문제를 확장 또는 축소(why기법)함

아이디어 개발 기법

번호	기법	개요와 핵심 용어
1	Best Practice 기법	현재 문제와 동일하거나 비슷한 문제를 찾아내고, 이 문제를 해결했던 아이디어를 찾아냄. 과거 문제의 해결방안을 현재 문제에 적용시켜가면서 아이디어를 도출함
2	브레인스토밍 기법	팀원들이 자유롭게 아이디어를 제시하고, 평가하지 않음. 아이디어를 그룹핑한(제품, 원가, 판매, 시장) 다음 새로운 아이디어를 개발
3	속성나열 기법	제품과 서비스의 목표를 달성하는 데 필요한 중요한 속성을 찾아내고 구체적으로 정의함. 속성을 달성하기 위한 아이디어를 개발함

4	SCAMPER 기법	Substitute, combine, adapt, modify, put to other use(타용도 사용), eliminate, rearrange 문제나 기회를 명확하게 정의하고 scamper 대로 적어보면서 개발
5	ERRC 기법	Eliminate, raise, reduce, create 문제나 기회를 ERRC 과정을 거쳐 새로운 아이디어 개발
6	악마의 옹호자 기법	해결하고자 하는 문제와 기회를 정의하고 악마의 역할을 수행할 사람을 결정. 악마 이외의 사람들은 새로운 아이디어를 제시하고 악마는 새로운 아이디어들의 약점을 공격함. 악마의 공격에 대응하면서 타당성을 높인 새로운 아이디어를 개발
7	단어 다이아몬드 기법	문제를 구성하고 있는 네 개의 주요 단어나 문구를 선정. 네 개의 단어나 문구를 자유롭게 조합하면서 아이디어를 개발함
8	분할 기법	문제나 기회의 속성을 나타내는 두 단어를 선정함. 속성을 나타내는 단어를 다시 세분화한 속성 추가. 속성에 적합한 아이디어 개발

9	역가정 기법	문제와 관련돼 가정을 완전히 뒤집어서 역가정을 만듦. 그 역가정을 기반으로 아이디어 개발
10	역할연 기법	문제와 관련된 이해당사자를 정하고, 이해당사자 역할을 수행할 팀원을 결정. 이해당사자 역할을 맡은 팀원은 이해당사자 입장에서 새로운 아이디어를 개발
11	유추 기법	현재의 문제와 상관없는 일상적인 문제를 선정하고, 문제를 해결하기 위한 아이디어 개발. 도출된 아이디어를 현재의 문제에 적용시켜 아이디어 개발
12	마인드맵핑	문제와 관련되어서 나열된 단어들을 유사한 단어들끼리 구조화하고 그림으로 표현. 구조화된 그림을 기반으로 새로운 아이디어 개발
13	만다라트(Mandal-Art) 기법	해결하고자 하는 문제의 핵심 주제어를 매트릭스 중앙에 기록. 주제어와 관련해서 연상되는 아이디어를 빈 셀에 기입. 창출된 아이디어 중에서 새로운 주제를 찾아 만다라트를 반복

아이디어 결과 추정 기법

번호	기법	개요와 핵심 용어
1	아이디어 구조화 기법	개발된 아이디어를 나열함 타당성, 경제성, 통제성이 없는 아이디어를 제거함 유사한 아이디어를 통합하고, 아이디어들간의 논리적 순서를 결정함
2	비용편익분석	비용과 편익을 단기적, 장기적 관점에서 추정 편익-비용=경제적 가치를 추정. 비용과 편익을 변화시켜가면서 경제적 가치를 다양한 측면에서 평가
3	장단점나열법	찬성, 반대, 검토 그룹을 만든다. 찬성그룹이 아이디어를 개발하고 각 아이디어에 숨은 가정을 설정 반대그룹은 아이디어의 가정과 타당성을 분석하고 필요한 경우 새로운 아이디어를 만듦 검토그룹은 두 집단의 분석결과를 분석하면서 다른 가정을 찾아내고 이에 아이디어를 개발함

4	의사결정 나무분석	분석하고자 하는 아이디어를 박스 안에 나열 아이디어를 실행할 때 발생할 수 있는 결과 (성공, 실패)를 찾아냄 아이디어 결과들의 발생확률(성공60%, 실패405)과 예상되는 성과(성공시 50억 영업이익, 실패시 30억 손실)를 추정함 발생확률과 성과를 곱해서 아이디어들의 기대이익을 계산함
5	아이디어결과의 시나리오 분석	아이디어결과의 시나리오 분석 아이디어를 추진했을 때 일어날 수 있는 최악의 상황, 일반적 상황, 최고의 상황으로 분류 3가지 상황에 의한 결과(이익 200억, 손실 50억)를 추정. 3가지 상황에 대한 결과를 분석해 이익과 위험을 분석함
6	리스크 매트릭스 기법	아이디어를 실행하는 데 발생할 수 있는 위험요인들을 찾아냄, 각 위험요인들의 발생가능성과 영향력에 따라 리스크 매트릭스로 분류 분류된 아이디어의 위험요인들을 평가

7	위험분석 기법	아이디어를 추진할 때 발생할 수 있는 위협요소를 찾아냄 위협요소의 발생확률과 피해액을 계산해서 위험을 추정함, 위협요소를 관리하는 데 소요되는 비용과 관련해서 얻을 수 있는 이익을 비교함 위협요소 별로 관리방안을 비교 분석하여 아이디어를 평가하고 대응전략을 수립함
8	리스크 프로파일링 기법	아이디어를 추진할 때 발생할 수 있는 위험과 불확실성의 요소를 찾아냄 각 요소들이 발생할 수 있는 상황을 분석 각 요소들이 발생할 수 있는 상황의 확률을 추정 각 요소들이 일어날 수 있는 상황이 가져다 주는 결과를 추정

아이디어 선택 기법

번호	기법	개요와 핵심 용어
1	가중치평가 기법	아이디어를 평가하는 기준을 결정함(생산비용, 시장규모, 성장성, 인력조달 용이성, 정부지원)이 기준들에 서로 다른 가중치를 부여함(총 합은 100) 각 아이디어들을 평가기준으로 평가. 가장 많은 점수를 취득한 아이디어 선택함
2	2차원그리드 기법	아이디어를 평가하기 위한 다양한 평가기준들을 찾아냄. 평가기준들 중에서 2개의 기준 선택 2차원 그리드 만듦. 평가. 또 다른 평가기준들을 선택해서 다양한 2차원 그리드를 만들어 평가함
3	What-if 분석	아이디어에 영향을 미치는 의사결정변수(예산, 인력, 시간)와 환경변수(경제환경, 경쟁사, 고객수요)등을 찾아냄 의사결정변수와 환경변수가 변할 때 아이디어의 결과가 어떻게 변화할지를 추정
4	Goal-Seeking분석	목표(매출3조)에 영향을 주는 의사결정변수(제품, 가격, 광고, AS)와 환경변수(유가, 세제혜택, 금리)를 선정함 목표를 달성하기 위해서 각 변수가 어떻게 움직여야 하는지 (변화해야 하는지) 분석

5	아이디어 평가 매트릭스	아이디어의 매력도(독창성, 복잡성, 실행편의성, 모방의 어려움)를 가중치를 두어 평가. 아이디어의 적합성(재무자원, 인력자원, 기존사업과의 연계성, 특허)에 가중치를 두어 평가 매력도와 적합성에 따라 각 아이디어들의 순위를 평가하고, 우선 순위가 높은 아이디어를 선택함
6	바틀렛 기법	기준(타당성, 현실성, 독창성)에 따라 O, X구분. O없는 아이디어 탈락시킴 아이디어들을 기준(독창성, 수익성, 선호도)에 따라 상중하로 구분. 점수가 높은 아이디어를 대상으로 다시 기준(예상비용, 기간, 인력, 안정성)에 따라 평가 점수 높은 아이디어를 선정

7	불확실한 상황의 선택 기준	각각의 아이디어에 호황, 정체, 침체시에 기대이익을 산출 1. 라프라스 : 각 기대이익을 합산하여 1/3하고 그 중 높은 것 선택 2. 맥스민기준 : 각 아이디어 중 가장 비관적인 때 기대이익이 큰 것 선택 3. 맥스맥스 기준 : 낙관적인 상황에서 최고의 기대수익 내는 아이디어 선택 4. 후르비츠 기준 : 맥스민과 맥스맥스의 중간 형태. 최고의 상황에 낙관계수(0.6)를 곱하고 04를 최악의 상황에 곱해 합하는 것 5. 미니맥스 기준 : 최고의 상황에서의 기대수익을 나머지 기대수익에서 차감하여 합한 것. 그것이 높은 것 선택
8	아이디어 킬러 대응하기	최종 선택한 아이디어와 관련된 이해당사자를 찾아냄. 그 아이디어와 관련해 이해당사자 관점에서 부정적인 반응을 찾아냄 부정적인 반응에 대한 대응방안 수립하고, 필요 시 아이디어 조정함

아이디어 실행 단계

번호	기법	개요와 핵심 용어
1	How-How 다이어그램	아이디어를 '어떻게 추진할 것인가'에 대한 질문을 하고 그에 대한 1단계 실행계획 수립. 1단계 추진계획을 다시 '어떻게 추진할 것인가'를 질문하고 다시 2단계 실행계획 수립. 구체적인 실행계획이 나올 때까지 '어떻게'라는 질문을 통해 확대함
2	실행체 크리스드 기법	아이디어 > 주요활동 > 세부활동 > 실행계획
3	잠재적 문제 분석 기법	아이디어를 추진할 때 발생할 수 있는 잠재적인 문제를 찾아냄. 잠재적 문제들이 발생할 수 있는 원인 분석. 각 문제들이 발생할 수 있는 가능성과 중요성을 10점 기준으로 평가하고, 가능성과 중요성을 곱해서 총점 계산. 총 점수가 높은 문제들에 대한 대응방안 수립
4	시나리오 분석 기법	문제가 발생할 수 있는 상황을 시나리오로 설정. 시나리오가 현실화 되었을 때 아이디어의 결과에 어떤 영향을 주는지 분석. 각 시나리오 별 대응방안 수립

사업의 특성 분석

번호	기법	개요와 핵심 용어
1	KFS 분석 기법	해당 사업을 성공하기 위한 Key Factor for Company Success를 도출하기 위한 분석 기법 간단히 이 사업은 무엇을 잘 하면 성공할 수 있느냐에 대한 분석
2	필요역량 분석 기법	해당 사업이 요구하는 필요한 역량을 분석하기 위한 기법 이 사업이 성공하기 위해서 필요로 하는 역량은 어떤 역량을 갖춘 조직, 규모, 인프라, 사람이어야 하느냐에 대한 분석

사업의 프로세스 분석

번호	기법	개요와 핵심 용어
1	줄사다리 분석 기법	해당 사업의 프로세스를 분석할 때 쓰는 기법 각 프로세스의 끝에 하나xx씩 매듭을 만들듯이 어떤 결과물 또는 성과물을 낼 수 있는지를 파악하여 그 단계를 발전시켜 나가게 하는 기법
2	빅 픽쳐 분석 기법	해당 사업의 프로세스를 분석할 때 쓰는 기법 각 프로세스가 최종적으로 이 프로젝트의 어느 부분에서 어떤 역할을 하느냐를 명확하게 나타내도록 하는 기법 이를 통해 각 업무 프로세스가 어떤 역할을 해야 하는지를 구체적으로 도출함

5	비상상황 계획 기법	아이디어 추진과정에서 발생할 수 있는 사건과 발생 가능성을 추정. 사건발생을 인지할 수 있는 지표와 지표를 관찰할 수 있는 사람을 탐색. 사건을 해결할 수 있는 계획과 계획을 추진할 수 있는 실행방안을 분석
6	아이디어 결과 평가 기법	문제해결의 목표(화질향상, 음질향상 등)를 정의. 각 목표에 대한 평가지수(색상수, 음질)를 개발 아이디어를 실행해서 달성한 결과. 목표 달성여부를 평가하고 원인 분석
7	미래 문제 대응 기법	현재문제(세제 없는 세탁기로 물의 사용량 증가)의 실행 결과 분석. 현재문제의 특성분석을 통해 현재문제와 관련된 다양한 미래 문제를 도출(수도요금 증가).각각에 대응 방안을 수립

보유자원의 특성 분석

번호	기법	개요와 핵심 용어
1	보유자원의 특성 분석	특정한 사업을 하고자 할 때 자신들이 보유한 역량을 분석하여 이를 자체 조달할지 또는 외부에서 조달할지를 분석하는 기법

책임자 선정 기법

번호	기법	개요와 핵심 용어
1	책임자 선정 기법	특정한 사업을 하고자 할 때 이를 성공적으로 수행하기 위한 책임자를 선정하는 기법

3장

문제를 찾다

Design
Your
Meeting

자아 확신 기법

개요

회사의 성공이 과거에 어떻게 이루어졌는지를 파악하여 이를 바탕으로 현재의 문제를 다시 바라보게 하여 스스로 긍정적인 생각과 태도를 이끌어 내게 하는 방법이다.

활용 프로세스

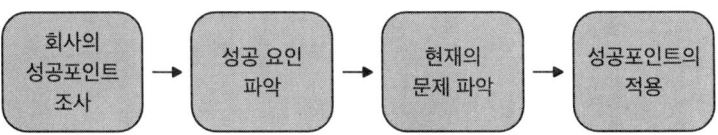

회사의 성공포인트 조사 → 성공 요인 파악 → 현재의 문제 파악 → 성공포인트의 적용

문제를 찾다 155

1. 회사의 성공 포인트 조사

과거의 영광은 과거의 것만이 아니다. 성공에 대한 유전자는 모든 구성원들의 현재에 내재되어 있다. 그 유전자를 다시 찾아내고, 그를 바탕으로 현재에 주어진 문제를 도전해 볼 필요가 있다. 회사의 역사를 하나의 표에 작성해 본다. 예를 들어 세로축을 주가라고 생각을 하고 가로축을 시간으로 본다.

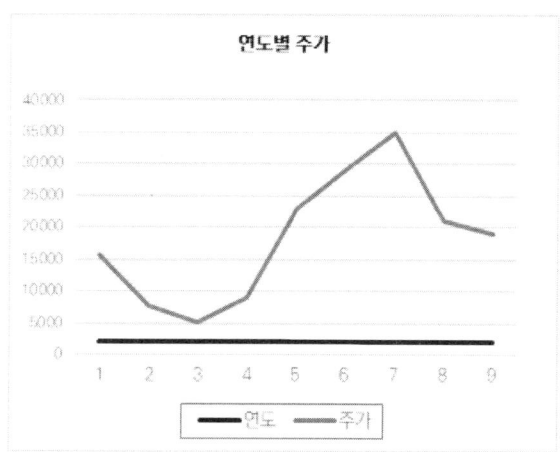

위의 표는 각 년 차별로 회사의 주가를 그린 것이다. 이 때 회사의 성공포인트라고 할 수 있는 변곡점은 몇 차년도일까? 3차년도이다. 이 회사는 3차년도에서 바닥을 찍고 반등에 성공을 했다고 볼 수 있다. 어떤 원인으로 반등에 성공했던 것인지를 거꾸로 짚

어 볼 필요가 있다. 실패 포인트는 언제일까? 7차년도이다. 이 회사는 7차년도에 꼭지점을 찍고 하향 추세로 전환되기 시작했다. 무엇을 했기 때문에 혹은 무엇을 하지 않아서 그렇게 된 것인지를 파악할 필요가 있다.

위의 그래프를 주가로 구성했다면, 다른 구성요소로 할 수도 있다. 인원수, 유동성 지표, 시장 점유율, 고객만족도, 불량률, 퇴사율 등으로 해당 표를 작성해 볼 수도 있다. 우리 회사에 가장 알맞은 성과지표를 선택할 수 있다.

2. 성공 요인 파악

위의 그래프에서 3차년도에 반등할 수 있었던 원인 또는 계기는 무엇인지를 찾아낸다. 인터뷰나 기타 자료를 통해 그것을 찾아내고 우리 안에 내재되어 있는 강점이 무엇인지를 파악한다. 그것들이 오로지 외부 요인들(시장 환경, 정책적 환경, 경쟁자 환경 등등)이라고 하더라도 내부에서 그 환경의 혜택을 받을 수 있었던 요인들을 찾아내야 한다. 아무리 경기가 어렵더라도 그 어려움을 이용하여 성공하는 기업이 있으며, 아무리 경기가 좋더라도 자신이 준비한 것이 없으면 아무런 도움이 되질 못한다.

3. 현재의 문제 파악

현재 우리 회사 또는 조직이 처한 문제는 무엇인가를 파악하는 단계이다. 표면적으로 드러나는 문제(매출액 저하, 시장점유율 감소, 퇴사율의 증가, 유동성 위기 등등)를 먼저 조사하고 그에 대한 원인(신제품의 실패, 외부환경의 변화 등등) 마케팅을 파악한다.

4. 성공포인트의 적용

현재의 문제와 원인을 파악하고 나서 과거의 성공 사례를 바탕으로 현재의 문제를 다시 바라본다. 과거에 문제가 되었던 것이 다시 반복되거나, 혹은 문제를 해결했던 방식의 적용 여부를 검토한다. 특히 과거에 성공했던 사례는 우리 조직 내부에 강점으로 남아 있을 가능성이 크기 때문에 해당 문제를 성공의 관점으로 다시 바라본다면 문제의 긍정적인 측면을 파악할 수 있다.

활용 Tips

흔히 과거의 성공사례를 다시 꺼내 들지 않는 이유는 지금은 그 때와 다르다고 생각하기 때문이다. 하지만 대부분 문제는 반복되고, 해결했던 방법 역시 유효할 수가 있다. 또한 성공을 했었던 경험은 사람들에게 패배감 대신 희망을 줄 수 있다. 지금까지 있었던 모든 일들은 내일의 영광을 위해 준비해 둔 여정이었다는 사실은 큰 희망이다.

Design
Your
Meeting

파레토 기법

개요

원인의 20%가 결과의 80%를 차지하고 있다는 파레토의 법칙을 토대로 만든 문제 탐색기법으로 현상으로 드러난 문제의 원인을 찾을 때 사용하는 기법이다.

활용 프로세스

1. 문제의 도출

문제라고 생각한 것을 나열한 다음에 핵심 문제를 도출한다. 여기서 조심해야 할 것은 문제를 도출할 때 원인을 함께 도출하면 안 된다. 매출의 하락이라는 관점으로 접근할 때 동시에 경기의 하강이라고 같이 도출하면 순환 오류에 빠져 버리게 된다. 문제는 추정이 아니라 사실 중심이어야 하며, 더군다나 의견이어서도 안 된다. 사실과 의견을 혼합해서 사용하면 추후에 원인도 엉뚱한 결과가 나오게 마련이다. 아프리카의 어느 마을에 갔더니 사람들이 신발을 전혀 신지 않는다는 것은 사실이고, 의견은 잠재시장이 크다거나 판매할 시장이 없다는 것이 의견이다. 파레토 기법에서는 문제를 분류하고 범주화하는 것이다. 문제를 어떤 특정한 특성에 따라 나누고 이를 다시 공통된 것으로 묶어 범주화하여 최대한 많은 부분(주된 문제)을 차지하는 것이 무엇인지를 찾아낸다.

2. 원인의 나열

상기의 주된 문제에 대한 원인을 나열한다. 해당 원인들 중에서 상기의 주된 문제의 원인이 되는 후보군을 도출한다. 최대한 많은 원인들을 추정해야 하며, 근본적인 원인을 why-why 기법을 동원해서 찾아낸다. 처음에 짐작되는 것보다는 데이터에 의해 추정할 수 있는 것들을 도출한다.

3. 원인의 선정

주된 문제와 나열된 원인들을 서로 매칭시켜가며 원인으로 인한 결과치를 대입해보면 어떤 원인이 있었을 때 주된 문제가 발생하는 지를 알 수 있다.

활용 Tips

파레토 분석 기법은 일견 간단하고 누구나 실시하고 있는 것 같지만, 막상 비즈니스를 하면서는 나머지 문제의 20%를 버리지(제외하지) 못하고, 주된 문제와 같이 문제로 설정하고 원인을 찾는 경향이 있다. 파레토 분석 기법은 문제의 일부분인 20%를 과감히 제외하고, 주된 문제를 바탕으로 원인을 찾는 기법이다. 이렇게 해야 주된 문제를 야기한 원인을 찾는데 집중할 수 있기 때문이다.

Design
Your
Meeting

KPI 분석 기법

개요

개인, 부서, 사업부, 회사 차원에서 관리해야 할 핵심성과 지표를 찾아내고, 그 목표와 실제치를 비교해서 문제와 새로운 기회를 찾아내는 기법이다.

활용 프로세스

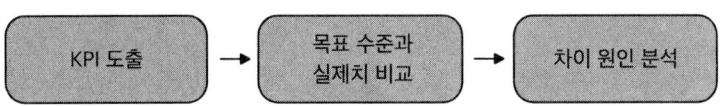

1. KPI 도출

　각 주체(개인, 부서, 사업부, 회사) 별로 핵심성과 지표를 도출한다. 핵심성과 지표라 하면 '무엇을 하면 잘했다고 이야기할 수 있나?'라는 질문에 대한 답변이다. 보통 KPI를 도출하라고 하면 자신에게 주어진 모든 일을 다 끄집어 내어 열거하는 경우가 있는데, 이는 KPI가 아니라 업무 매뉴얼일 뿐이다. 올 해, 또는 주어진 기간 동안 핵심적으로 해야 할 일이 무엇인지를 도출하는 것이다. KPI개수가 적으면 적을수록 과제가 집중되어 효과적이다. 반면에 많으면 많을수록 해야 할 일이 많아 집중하지 못하는 경우가 발생하고, 한 두 개 정도 안 하더라도 다른 것으로 대체하면 되기 때문에 성과가 나오기 어렵다. 해당 KPI는 각자 도출하되, 상위 부서나 담당자가 이를 합의하는 프로세스를 갖는 게 좋다. 합의라는 프로세스를 통해 문제나 과제를 다시 한 번 더 객관화시키고, 이에 대한 우선 순위나 핵심 문제를 공통의 문제로 삼을 수 있기 때문이다.

2. 목표 수준과 실제치의 비교

　목표는 수준이 있어야 한다. 즉, '매출액을 높이자'라고 하는 것보다 '매출액 전년대비 20% 신장'이라는 목표가 훨씬 구체적이다. 따라서 목표는 SMART하게 잡아야 한다. Specific(구체적), Measurable(수치화), Achievable(달성 가능), Result-oriented(결과 지향적), Time-bounded(시간의 제시) 이렇게 제시된 목표 수준과 실제치를 비교하여 달성율을 비교한다.

3. 차이 원인 분석

달성율이 높은 순서대로 배치한다. 달성율이 높은 것은 성공요인을, 낮은 것은 문제 원인을 분석한다. 이 때 차이 원인은 외부 환경보다는 내부 전략과 활동, 역량을 중심으로 분석하는 것이 좋다.
외부로 원인을 돌리고 나면, 자신의 개선 기회를 잃을 수가 있기 때문이다.

활용 Tips

이 분석의 핵심은 성과지표를 무엇으로 설정하느냐이다. 제대로 된 성과지표를 설정하면 다소 늦게는 갈 수 있지만, 엉뚱한 성과지표는 그야말로 엉뚱한 결과를 만들어내기 때문이다. '이 성과지표를 달성하면, 정말 성공했다'고 말할 수 있는가를 대답할 수 있어야 한다.

Design
Your
Meeting

고객의 3주 분석 기법

개요

고객이 가지고 있는 3가지 요소(불편함, 불균형, 불일치) 중 하나를 찾아 새로운 문제와 기회를 찾아내고 고객이 가진 Needs를 분석하는 방법이다.

활용 프로세스

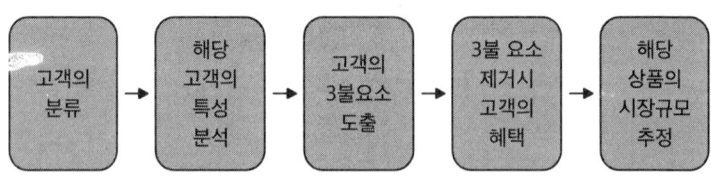

1. 고객의 분류

고객의 분류는 1차적으로 크게 3가지로 구분한다. 현재 사용고객, 미사용 고객, 사용하고는 있지만 자사의 제품이 아닌 타사의 제품을 사용하고 있는 고객으로 구분한다.

현재 사용고객은 시장에서 동일한 제품이나 서비스를 사용하고 있는 고객이며, 미사용 고객은 시장에서 아예 해당 제품이나 서비스를 사용하지 않는 고객, 자사의 어떤 점 때문에 타사의 제품이나 서비스를 사용하고 있는 고객으로 분류를 한다.

2차 분류는 해당 고객의 특성을 중심으로 분류를 한다. 고객의 나이, 성별, 직업, 지역, 종교, 작업환경, 사용 목적, 사용 방법 등으로 구분한다.

사용 고객
· 나이 / 성별 / 직업 / 지역 / 종교
· 직업환경 / 사용환경 / 사용목적 / 사용방법

미사용 고객
· 나이 / 성별 / 직업 / 지역 / 종교
· 직업환경 / 사용환경 / 사용목적 / 사용방법

타사 제품 사용 고객
· 나이 / 성별 / 직업 / 지역 / 종교
· 직업환경 / 사용환경 / 사용목적 / 사용방법

2. 해당 고객의 특성 분석

앞에서 분류한 고객의 특성을 한 마디로 표현한다. 예를 들어 핸드폰을 사용하는 남자의 특성은 "보는 것을 즐긴다." 이고, 여자의 특성은 "남과 다른 것을 소유하는 데에 대한 자부심"이라고 표현할 수 있다.

3. 고객의 3불 요소 도출

앞에서 구분한 고객과 그에 따른 특성에 따라 해당 고객들이 가질 수 있는 3不 요소를 찾아낸다.

불편함은 고객이 해당 제품이나 서비스를 사용하는데 불편한 요소를 찾아낸다. 불편하다는 것은 지금까지 해당 시장의 제품이나 서비스의 기능과 성능을 한 단계 업그레이드 하는 것이다. 고객들이 해당 상품을 사용하면서 '이런 것들이 있으면 더 좋을 텐데……' 하는 것들을 찾아낸다.

불균형은 해당 상품의 기능이나 서비스의 질 또는 양적 측면에서 고객에게 제공은 하고 있지만, 부족한 것이나 너무 많이 주고 있는 것을 찾아낸다. 고객의 입장에서 '이런 것을 더 주면 좋겠는데……'라거나, '나한테 이런 것들은 너무 많아……' 라는 것들을 찾아낸다.

불일치는 해당 상품이나 서비스가 고객에게 주고는 있지만 전혀 필요 없는 것을 찾아내는 것이다. 고객의 성격에 따라 어떤 고객에게는 필요하지만 어떤 고객에게는 전혀 필요 없는 기능이나 서비스를 제외한다면 가격이 낮아지고, 부피도 작아질 수 있기 때문에 고객에게는 혜택이 될 수 있기 때문이다. '나는 이런 게 필요 없는데……' 하는 것들을 찾아낸다.

고객의 분류		고객의 특성	고객의 3불 요소		
1차분류	2차분류		불편함	불균형	불일치
사용고객	남성				
	여성				
미사용고객	10대				
	영업직원				
타사제품 사용 고객	사무원				
	학생				

4. 3不 제거 시 고객의 혜택

각 고객의 특성에 따른 3불 요인을 제거하였을 때 각 고객에게 줄 수 있는 혜택이 무엇인지를 찾아낸다. 제품의 구성요소 (가격, 디자인, 부피, 고객 접점, 만족감, 효능감 등등) 측면에서 고객에게 직간접적으로 줄 수 있는 혜택이 무엇인지를 도출해 낸다.

5. 해당 상품의 시장 규모 추정

3不 요소가 제거된 상품이나 서비스가 출시되었을 때 이에 대한 시장규모를 추정해 보는 것이다. 해당 제품에 대한 예상가격을 추정하고 이에 대한 예상 고객 수를 곱하여 시장 규모를 추정한다.

이를 통해 투자 대비 수익 측면에서 우리 회사가 접근해 볼만한 시장인 것인지를 가늠해 볼 필요가 있다.

상품	예상 가격	예상 고객 수		예상 시장	
		국내	해외	국내	해외
상품 A					
상품 B					

활용 Tips

현재 시장의 문제를 찾아낼 때 가장 많이 활용할 수 있는 기법으로 새로운 사업 기회나 혁신 안을 만들어 낼 때 유용하게 쓰일 수 있다. 가장 중요한 것을 우리의 입장이 아니라 고객의 입장에서 생각해야 한다는 것이다. 대부분 우리가 할 수 있는 것 우리가 관심 있는 것부터 출발하는 경우가 많다. 특히 R&D 부서나 품질 부서는 자신들이 현재까지 진행 왔던 성능 개선 측면에 관점을 두고 진행하는 경우가 많다. 이 기법은 개선 측면이라기 보다는 혁신이나 새로운 기회라는 관점으로 접근하는 것이 더 유용하다.

맨 처음 시도할 때는 일단 맨 끝까지 간단하게 해보고 나서 그 다음 다시 구체성과 자료를 바탕으로 다시 만들어 보는 것도 좋을 것이다.

Design
Your
Meeting

카노(Kano) 분석 기법

카노 분석 기법은 일본 도쿄 리카 대학의 교수인 카노 노리아키(狩野紀昭)에 의해 1980년대에 연구된 제품 개발에 관련된 상품기획 이론이다. 어떤 상품을 기획할 때 각각의 구성요소에 대해 소비자가 기대하는 것과 충족시키는 것 사이의 주관적 관계 그리고 요구되는 사항의 만족과 불만족에 의한 객관적 관계를 설정하여 설명한다. 품질 속성에 기반하여 특정 기능 및 가치를 강화하였을 때 소비자의 만족도 증가 수준과 특정 기능 및 가치를 약화시켰을 때 소비자의 불만족도 증가 수준을 파악하여 제품의 컨셉 또는 제품 기능의 필수도와 매력도를 파악하는데 활용한다. 평가 결과를 토대로 카노 그리드 상에 전체적으로 컨셉이 골고루 위치하면 템플릿의 사분면 상에 정의된 4가지 속성 그룹에 따라 컨셉을 분류한다.

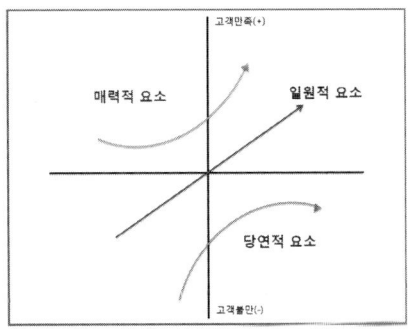

카노 분석 기법 그래프

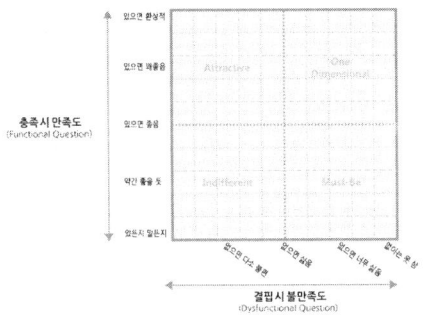

카노 분석 기법 그리드

무관심 품질 (Indifferent Quality)

좋은 측면도 나쁜 측면도 아닌 것을 의미한다. 고객은 이 때문에 만족도 불만족도 하지 않는다.

당연 품질 (Must-be Quality)

충족이 되면 당연하다고 생각하지만, 안되면 큰 불만을 일으키는 최소한의 기본 요소에 해당한다. 우유 팩 포장을 예로 들어 보자. 우유 팩 포장 재질이 좋지 않아 우유가 세면 고객은 불만을 표출한다. 그렇다고 우유가 세지 않는다고 해서 고객의 만족도가 상승하지는 않는다. 고객은 우유와 우유 팩 포장에 대해 이 점을 기본적으로 기대하고 있는 것이다.

일원적 품질 (One-dimensional Quality)

충족이 되면 만족하나 충족되지 못하면 불만족하는 요소이다. 이 요소는 업체들 사이에서 경쟁을 위한 요소로 사용된다. 예를 들면, 우유 포장에 같은 가격에 10프로가 더 있다고 적어놓는 것과 60퍼센트만 있다고 적어놓는 것에 대한 고객 반응은 다를 수 밖에 없다.

매력 품질 (Attractive Quality)

충분히 충족이 되면 만족하지만, 충족이 되지 않아도 불만의 요소가 되지 않는다. 이 요소는 일반적으로 기대되지 않는 요소이다. 예를 들면, 우유 팩에 온도계가 있어 우유의 온도를 보여주는 것이다. 이러한 품질의 속성을 기대하지 못한 고객들은 이런 것을 요구하지 않는다.

카노 분석 기법 실행 단계

① 적용할 컨셉 목록을 준비한다.
② 첫 번째 평가 대상 컨셉의 카노 그리드 상 위치를 평가자 별로 결정한다.
③ 가로축 상의 위치는 기능(컨셉)의 필수도와 관련된 항목(Dysfunctional Question)으로서, 해당 기능(컨셉)이 없어도 별 상관 없는지를 평가한다. (즉, 없어도 상관 없으면 좌측 맨 끝에, 없을 시 매우 불편할 경우 우측 맨 끝에 위치)
④ 세로축 상의 위치는 기능(컨셉)의 매력도와 관련된 항목으로서(Functional Question), 해당 기능(컨셉)이 강화될수록 만족도가 증가하는지를 평가한다. (즉, 기능 충족도에 따른 만족도가 크면 위쪽으로, 작으면 아래쪽으로 위치)

⑤ 개인별로 해당 컨셉의 카노 그리드 상 위치를 결정한다. (통상적으로 개인별 평가 시트를 분배하고, 포스트잇에 컨셉 명을 써서 붙이는 방식으로 진행)

앞의 실행 단계가 끝나면 평가자 별로 개인 평가를 하고 이를 취합해야 한다. 이때 회의 진행자는 평가자의 이름이 적힌 포스트잇을 미리 준비한다.

① 빔 프로젝터나 화이트보드에 첫 번째 평가 대상 컨셉의 이름을 적고, 평가자들이 개별적으로 결정한 위치에 평가자의 이름이 적힌 포스트잇을 붙인다.
② 카노 그리드 상에 모든 평가자의 의견이 취합 되면, 가로축 기준으로 의견의 차이가 심한 참여자들 간에 그렇게 평가한 이유와 의견을 교환
③ 같은 방식으로 세로축 상의 위치 차이에 대해 토론하고 개인별 위치를
조정한다.
④ 어느 정도 평가자 간 의견 차이가 좁혀지면, 평균적인 위치에 평가 대상 컨셉 명을 위치시킨다.
⑤ 앞의 과정을 반복하여, 모든 컨셉에 대한 카노 그리드 상 위치를 결정한다.

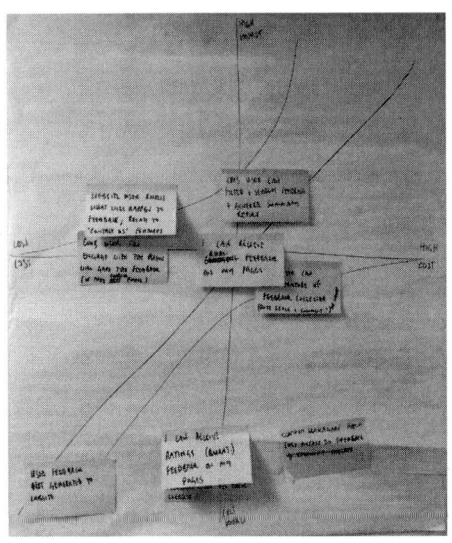

카노 분석 그림에 포스트잇을 붙인 모습

평가 결과 해석 및 활용

① 카노 그리드 상에 전체적으로 컨셉들이 골고루 위치하면, 템플릿 사분면 상에 정의된 4가지 속성 그룹에 따라 컨셉을 분류한다.

② 카노 그리드 특정 부분에 컨셉들이 집중적으로 위치해 있다면, 컨셉들이 분포된 영역을 기준으로 다시 사분면을 재정의하여 4가지 속성 그룹을 정의한다.

③ 좌측 하단에 위치한 무관심 품질(Indifferent Quality) 그룹의 컨셉(기능)들은 제품 가치 상승에 기여도가 상대적으로 낮으므로 개발 대상에서 우선적으로 제외시킨다.

④ 우측 하단에 위치한 당연 품질(Must-be Quality) 그룹의 컨셉(기능)들은 필수적 요소들로서, 완성도를 높일 필요는 없지만, 반드시 포함되어야 하는 컨셉(기능)이므로 비용 절감 방안을 감안하여 제품 컨셉 개발에 필수적으로 반영시킨다.

⑤ 우측 상단의 일원적 품질(One-Dimensional Quality) 그룹의 컨셉(기능)들은 해당 수준에 따른 만족도가 비례적으로 변화하므로, 대체 컨셉(기능)의 제공 수준을 감안하여 포함 여부를 결정하거나, 필요 시 옵션 적용 가능성을 검토한다.

⑥ 좌측 상단의 매력적 품질(Attractive Quality) 그룹의 컨셉(기능)들은 없어도 무방하지만, 제공 시 제품이 차별적인 가치를 제공할 수 있으므로, 컨셉 구현 비용과 허용 가격을 감안하여 매력도가 높은 기능들을 중심으로 적용 가능성을 검토한다.

카노 분석 기법에 활용할 자료는 회의나 워크숍에 제품 디자이너, 제품 생산 근로자, 판매자 등 제품의 생산에서 판매에 이르는 과정에 위치한 다양한 이해관계자들을 참여하도록 하여 수집하는 것이 좋다. 카노 분석 기법에 따라 후보 컨셉들을 평가하고, 회의를 통해 종합적 평가 결과를 도출한다. 평가 대상 컨셉들은 앞서 말한 4가지 속성 즉, 매력적, 당연적, 일원적, 무관심 중 하나의 속성 값을 부여 받게 된다.

Design
Your
Meeting

이해관계자 분석 기법

개요

해당 사업과 관련된 이해관계자들(고객, 직원, 협력사, 주주, 정부, 시민 단체 등)이 제기하거나, 이들에게 발생할 수 있는 문제를 분석하는 기법이다.

활용 프로세스

1. 문제의 도출

현재 발생한 문제 또는 발생할 문제를 나열한다. 여기서 문제라고 하면 바라는 목표 수준과 현재와의 차이라고 할 수 있다. 사업의 매출액이 목표 수준은 100억인데, 현재의 매출액은 70억이라면 30억원이라는 gap이 발생한다. 이 차이가 바로 문제이다. 고객이 바라는 것은 A인데 B를 주고 있다면 이 역시 문제이다. 눈에 보이는 문제와 보이지 않는 문제를 구분하여 제시할 필요도 있다.

2. 이해 관계지 이슈

상기의 문제를 도출하고 이에 관계된 이해관계자를 매칭시킨다. 이 이해관계자는 호불호(好不好)가 있으며, 그것을 옆에서 같이 기술한다. 즉 현재의 기능에서 A라는 기능이 추가된다면 이에 대한 고객의 호불호, 내부 직원의 호불호, 도매상의 호불호가 있다. 이를 각각의 이해관계자에 해당되는 사항을 도출한다.

3. 문제의 원인 분석

각각의 호불호 옆에 그에 대한 원인을 도출한다. 예를 들어 A라는 기능이 추가된다면 고객의 입장에서 호(好)는 없던 기능의 생성이라는 원인과 함께 가격의 상승이라는 불호(不好) 원인이 생기게 된다. 이처럼 호불호라는 내용의 근본 원인을 기술함으로써 이해관계자에게 발생할 수 있는 문제와 원인들을 도출할 수 있다.

활용 Tips

어떤 문제가 발생하거나, 이를 해결하려고 할 때 항상 좋은 점만 있는 것은 아니다. 모든 이해관계자는 서로 상충되어 있다. 예를 들어 가격을 낮추면 고객 입장에서는 좋겠지만, 회사나 주주 입장에서는 손해일 수도 있다. 성능을 업그레이드 시킨다면 고객 입장에서는 좋겠지만, 직원 입장에서는 일을 더 열심히 해야 하고, 원가는 높아질 테니 이 역시 상충된다고 할 수 있다. 이 기법은 문제와 원인을 각각의 입장에서 드러냄으로써 절충점을 찾거나 의사결정을 할 때 유용하게 사용할 수 있다.

Design
Your
Meeting

벤치마킹 기법

개요

측정의 기준이 되는 대상을 선택하여 그 대상과 비교분석을 통해 장점을 따라 배우는 분석 기법이다.

활용 프로세스

1. 벤치마킹 대상 분야의 선택

일반적으로 벤치마킹을 할 때 자신이 속한 업계의 최고 기업을 선택하는 경향이 있지만 그럴 경우 벤치마킹의 성공보다는 실패 사례가 높은 것은 그리 놀랄 일은 아니다. 왜냐하면 분석을 다 하고 났더니 자신들이 하기에는 잘 맞지 않는다는 이야기이다. 그 업계 최고의 회사는 이미 고객층이 형성되어있고, 자본은 충분하고, 인력도 충분하고 등등의 이야기를 하면서 우리 회사는 그런 조건이 갖추어져 있지 못하기 때문에 벤치마킹이 별 소용이 없더란 이야기이다. 그렇기 때문에 자신이 속한 업계 최고의 기업으로 벤치마킹을 하는 것보다 먼저 자신의 어떤 분야의 것을 벤치마킹 대상으로 할 지를 선정하는 것이 중요하다. 제품의 구성요소와 제품이 나오기까지 거치는 과정, 제품의 시장, 마케팅 방법 등등의 분야 중에서 어떤 것을 우리의 벤치마킹 대상으로 삼아야 할 지를 결정할 필요가 있다. 그러기 위해 자신들이 해당 벤치마킹을 통해 무엇을 하고 싶어하는 지를 명확히 할 필요가 있다. 될 수 있으면 해당 분야를 보다 자세히 명시해 두는 것이 좋다. 이는 추후에 자료를 수집할 때 어떤 자료가 필요한 지를 구체적으로 지시하기 때문에 2, 3번씩 일을 다시 하는 것을 방지한다.

벤치마킹 대상 분야	원인	활용 후 기대되는 모습
제품 디자인 혁신	경쟁에 비해 제품 디자인이 떨어져 있음	디자인 프로세스의 혁신
리더의 역할		
업무 추진 조직도		

2. 벤치마킹 대상의 선택

해당 분야가 정해졌다면 그 분야에서 어떤 기업이나 조직을 벤치마킹 대상으로 삼아야 할 지를 조사해야 한다. 그 다음에 벤치마킹 대상 분야의 혁신적인 기업 리스트를 만들고 이에 대한 평가를 하여 어떤 기업이나 조직을 그 대상으로 할 지를 결정한다.

벤치마킹 대상 기업	평가 점수			합계
	우수성 (가중치 5)	최근성 (가중치 3)	접근성 (가중치 2)	
A사				
B사				
C사				
D사				

벤치마킹 대상 기업을 우수성, 최근성, 접근성 기준으로 점수를 매겨 그 중에서 가장 높은 대상을 중심으로 조사를 해 나간다. 평가를 할 때는 평가 기준에 가중치를 두어 평가한다. 또한 한꺼번에 여러 개의 조직을 대상으로 벤치마킹 한다는 것은 비효율적이므로, 벤치마킹 대상은 1~2개 중에서 선택하도록 한다.

3. 벤치마킹 대상의 특성 분석

해당 벤치마킹 대상이 어떤 특성 즉 기존과 다른 어떤 점을 지니고 있는지를 찾아내는 작업이다. 먼저 인터넷이나 전문 잡지, 해당 기업의 홈페이지, 신문 등을 통해 2차 자료를 기반으로 먼저 기초 조사를 하고 해당 기업 담당자 인터뷰, 관련 업계 종사자 인터뷰 등을 통해 1차 자료를 조사한다. 1차 자료를 충분히 확보하기 위해서는 경쟁기업보다는 다른 업계가 유리하다.

벤치마킹 요소	2차 자료	1차 자료	특성
디자인프로세스			
리더의 역할			
추진 조직도			

4. 자사와 비교 분석

　벤치마킹 대상의 특성을 분석을 하고 나서 그를 바탕으로 우리 회사와 비교 분석을 실시한다. 위의 벤치마킹 요소의 특성과 당사의 해당 요소 특성에 대해 점수를 부여하고, 이를 서로 비교하여 어떤 요소에서 차이가 나는 지와 그 차이 원인을 가정한다. 점수 차이(A-B)가 큰 것을 중심으로 분석하며 작은 것이나 마이너스(-)인 것은 제외한다.

벤치마킹 요소	벤치마킹 대상의 특성	벤치마킹 대상의 점수(A)	당사의 점수(B)	차이 (A-B)	차이 원인

5. 핵심 업무 도출

위의 차이 원인을 통해 어떤 업무를 해야 할 지를 도출하는 것이다. 예를 들어 제품디자인을 하기 위해 소비자 FGI 조사라는 영역이 없었다면 이를 도입하기 위한 업무가 도출될 것이다. 이처럼 벤치마킹 대상의 영역별로 원인에 따른 대응 업무를 하나씩 도출해 나가는 것이다.

벤치마킹 요소	차이 원인	핵심 업무 도출

활용 Tips

벤치마킹 분석은 어떤 분야의 해당 영역에서 우리 보다 훨씬 더 나은 모습으로 누군가는 일을 하고 있을 것이라는 가정에서 출발한다. 따라서 벤치마킹 하고자 하는 분야의 폭을 넓게 시작하는 것이 좋다. 대기업이거나 초일류기업이니까 무조건 우리보다 나을 것이다라는 가정으로 접근하면 오히려 시간 낭비, 비용 낭비를 할 가능성이 크다. 그리고 1차 자료가 중요한데 경쟁사로부터 해당 자료를 받기는 쉽지 않다. 따라서 같은 업종 보다는 이업종에서 자료를 수집하여 우리 회사에 적용하는 방안을 마련해 보는 것이 좋을 것이다.

Design
Your
Meeting

Fish Bone Diagram

개요

어떤 문제의 원인을 생선의 뼈 모양을 그려가며 찾아내는 분석 기법이다.

활용 프로세스

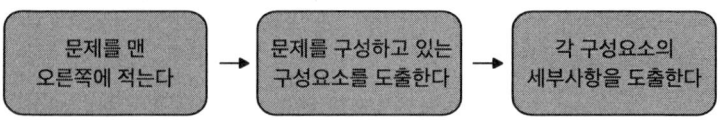

1. 문제 또는 사업의 결과물

Fish Bone Diagram의 오른쪽 끝의 머리 부분에 문제라고 생각하는 것이나, 원하고자 하는 사업의 결과물을 기술한다. 왼쪽이 Cause 부분이고, 오른쪽이 Effect가 되는 부분이다. 첫 단계는 문제 또는 사업의 결과를 Effect부분에 적는다. 예를 들어 '오전 9시대 일정 구간의 교통 체증'이라고 적을 수 있다.

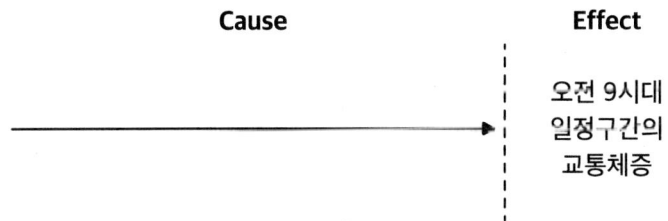

2. 문제의 구성요소 도출

해당 문제의 원인이 되는 사항들에 대한 카테고리를 먼저 정한다. 예를 들어 교통 체증을 유발할 수 있는 요인들(도로의 병목 구간, 신호등 체계, 교통 유발 행사, 교통사고, 운전 습관, 도로 공사 현황 등)을 기록한다.

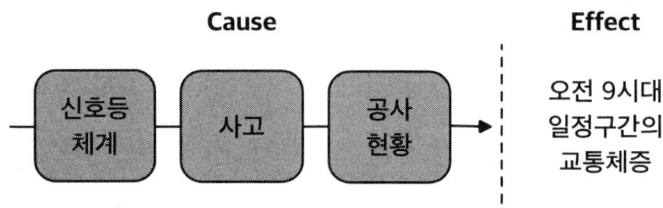

3. 각 구성요소의 세부 사항을 도출

앞에서 도출한 각 구성요소에 대한 세부사항을 도출한다. 신호등 체계를 예를 들어 보면 해당 병목 구간의 신호등과 병목 구간 이전의 신호등, 병목 구간 이후의 신호등으로 구분할 수 있다. 해당 구간의 신호등 체계가 어떤 방식으로 이루어져 있는지, 서로 연계가 되어 있는지 등을 파악하여 기록하도록 한다.

활용 Tips

Fish Bone Diagram은 문제의 원인을 한 눈에 알아볼 수 있게 작성할 수 있는 장점이 있다. 이 때 문제에 끼치는 정도에 따라 각 원인들의 뼈대의 굵기를 다르게 하거나, 영향 확률을 동시에 표기를 하면 훨씬 더 간단하게 문제의 원인을 파악할 수 있다.

Design
Your
Meeting

Why-Why 기법

개요

Why라는 질문을 반복하여 문제의 원인이나 동인을 남김없이 찾아내는 기법이다. 예를 들어 어떤 문제가 있다고 한다면 그에 대해 Why라고 질문하고, 대답을 하면 또 Why라고 묻고, 또 대답하면 Why라고 지속적으로 물음으로써 완전한 대답을 찾는 기법이다.

활용 프로세스

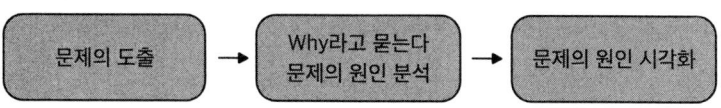

1. 문제의 도출

문제라고 생각되는 것들을 먼저 도출한 다음에 그 문제 중에 중요한 순서에 따라 1~2개를 선택한다. 여기서 문제는 피상적인 것보다는 구체적이며, 현실적으로 드러난 것일수록 좋다. 예를 들면 매출액이 전년도 대비 10%가 감소했다거나, 불량률이 1% 미만으로 떨어지지 않는다는 등의 문제를 도출한다.

2. 문제의 원인 분석(Why 라고 지속적으로 묻는다)

문제의 원인을 생각나는 대로 도출한다. 이 때 주의할 것은 문제의 원인이 1개가 아니라 여러 개인 경우에는 각각 도출해야 한다. 예를 들어 매출액이 전년도 대비 10% 감소했다는 것에 대한 원인은 크게 3가지(가격상승, 경쟁자 출현, 인적 자원 유출)라고 한다면 이 3가지는 같은 Level에서 다루어야 한다. 또한 하위 Level(가격상승)에서 원인이 여러 가지 도출(원자재 값 상승, 회사 정책 변경)된다면 역시 같은 Level로 놔야 한다. 또한 Why가 자꾸 선행된 Why 값으로 회귀된다면 거기서 멈추거나 다른 원인이 없는지를 찾아봐야 한다. 최종 값은 조직 또는 자신이 해야 할 일이 도출되면 멈춘다.

문제	1차 Why	2차 Why	3차 Why	4차 Why	5차 Why	6차 Why	7차 Why
매출액 전년도 대비 10% 감소	가격 상승	원자재 값의 상승	세계 경기의 활성화	가격안정 정책의 부재	선물 거래를 통한 가격헷지 필요		
		회사 정책 변경	영업 마진율 높임	회사의 정책검토 필요			
	경쟁자의 출현	당사의 시장 지배력 약화	소비자로부터 만족도 떨어짐	경쟁자 보다 높은 가격정책			
	인적 자원의 유출	영업 인력의 유출	회사 만족도 떨어짐	영업 활성화 정책부재			

3. 문제의 원인 시각화

해당 문제에 대한 원인과 해야 할 일을 시각화할 필요가 있다. 맨 먼저 도출한 문제를 왼쪽에 쓰고, 그 다음 그 문제에 대한 원인들을, 맨 마지막에 그 원인에 따른 해야 할 일을 기록한다.

여기서 중요한 것은 해야 할 일을 하나씩 검토하며 이렇게 물어봐야 한다. "이 해야 할 일을 하면 정말 맨 앞에 있는 문제가 해결될 수 있을까?" 이렇게 물어봐서 긍정적인 대답이 나오면 거기서 멈추지만, 만약에 부정적인 대답이 기대된다면 Why를 처음부터 다시 검토해서 다른 대답을 내놓아야 한다.

활용 Tips

Why-Why기법은 문제의 특성을 분석하는데 유용한 기법이다. 하지만 자칫하면 장난처럼 진행될 수가 있어서 감정이 서로 상하거나, 아무런 결론도 못 내고 끝날 수도 있다. Why를 할 때 누구에게 고정적으로 역할을 정해놓고 묻기 보다는 Why라는 질문이 지속적으로 나온다고 가정하고 모두가 그에 대한 답변을 해야 할 의무가 있다고 생각하고 진행하는 것이 좋다. 또한 앞서 말한 것처럼 해야 할 일이 도출이 되면 Why를 그만 멈추고, "그 해야 할 일을 하면 정말 해당 문제를 해결할 수 있을까?"라는 질문에 냉정하게 대답하는 연습을 할 필요가 있다. 아니라면 또 계속 Why를 물어봐야 한다. "됐다고 치고"라는 말로 얼버무리면 Why-Why기법은 소용이 없어진다.

| Design
| Your
| Meeting

문제의 우선순위 기법

개요

해결해야 하는 문제와 기회를 나열하고, 이를 중요도와 긴급도의 정도에 따라 분류하여 중요도와 긴급도가 높은 과제를 선정하는 기법이다.

활용 프로세스

과제의 도출 → 중요성과 긴급성 도표화 → 과제의 선정

1. 과제의 도출

발생한 문제는 새로운 기회라고 할 수 있다. 문제라는 말을 기회라는 말로 바꾸고 도출해 보는 것도 좋은 방안이다. 그리고 "우리는 앞으로 어떤 일을 해야 하는가?"에 대한 과제들이 도출되어야 한다. 누구나 해야 할 일은 너무나 많다. 그것을 도출할 때 기존에 해왔던 일과 해오지 않았지만 해야 할 일로 구분하는 것도 한 방안이다. 도출된 일들은 서로 묶을 수 있는 것들은 하나로 묶고, 분리해야 할 일은 구분하여 나열하도록 한다.

2. 중요성과 긴급성 도표화

해당 문제들을 나열하여 중요성과 긴급성에 대한 배점을 한다. 그리고 도출된 문제나 기회를 중요도와 긴급도가 표시된 도표에 배치 시킨다.

중요성과 긴급성이 모두 높은 것은 Ⅰ에 위치시킨다. Ⅱ에는 긴급성은 높지만 중요성이 낮은 과제를, Ⅲ에는 중요성은 높지만 긴급성이 낮은 과제를, Ⅳ에는 중요성과 긴급성 모두 낮은 과제를 배치한다.

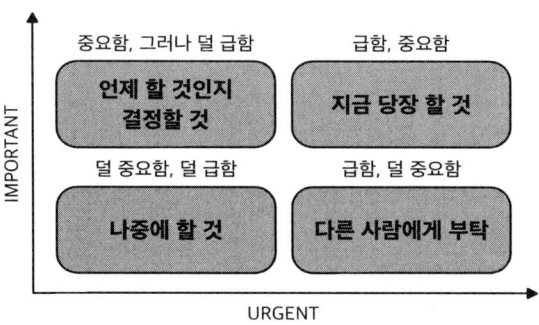

3. 과제의 선정

당연히 Ⅰ에 배치된 과제를 제일 우선시 해야 한다. 그리고 대부분 현재 하고 있는 일들은 이 부분에 집중되어 있을 것이다. Ⅱ에는 대부분 현재 하고 있는 일들이 많이 배치되어 있을 것이다. 이 부분에 있는 일을 가급적 줄이고 Ⅲ의 업무로 이전해야 한다. 대부분의 큰 문제는 Ⅱ에 있는 업무를 하다가 미처 Ⅲ의 업무를 하지 못할 때 발생한다. Ⅳ의 업무는 폐기, 적극 축소하거나 아웃소싱해야 하는 일들이다.

활용 Tips

　위의 도표를 만들 때 그에 투자되는 시간들을 같이 적어보면 더 효과적이다. 예를 들어 월간보고 회의 자료 작성(4시간), 보고(10분) 이런 식으로 작성을 하면 중요성과 긴급성에 따른 자원투입시간 까지 한 눈에 볼 수 있어 어떤 업무를 축소하고, 집중해야 하는지를 선택할 수 있다.

Design
Your
Meeting

SMARTA 기법

개요

Specific, Measurable, Attainable, Result-oriented, Time-bound, Authority-bound 의 줄임 말이다. 해결하고자 하는 문제를 모두 나열한 다음에 상기의 6가지 항목에 O, X를 평가한다. 단 항목이라도 X로 평가된 후보를 제거하고 O 받은 후보를 선택한다.

활용 프로세스

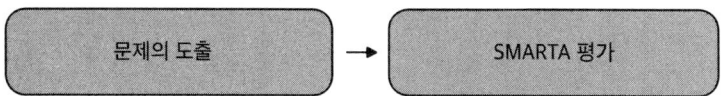

1. 문제의 도출

문제라고 생각되는 모든 것을 최대한 많이 도출한다. 다음 단계에서 결국 걸러낼 것이기 때문에 현 단계에서는 떠오르는 모든 문제를 꺼내 놓도록 한다. 문제는 목표 수준과 현재 수준과의 차이이다. 목표 수준이 낮으면 문제가 별로 없으며, 목표 수준이 높으면 문제가 많아지고 그 중에서 핵심이 되는 문제들을 찾아 낼 수 있다. 성과나 학업 성적이 낮은 이유는 대부분 목표 수준이 낮게 형성되어 있는 경우가 많다. 최대한 높은 목표 수준을 갖는 것이 최대의 성과를 내는 비결 중의 하나이다.

2. SMARTA 평가

> Specific: 문제는 구체적이어야 한다. 누가, 언제, 어디서, 어떻게 했는지에 대한 설명 가능한 문제이어야 한다.
>
> Measurable: 측정 가능한 문제이어야 한다. 측정이 어렵다면 문제를 해결하기가 쉽지 않다. '고객의 불만이 높은 편이다.'라고 말한다면 어느 수준까지 내려야 하는지, 어느 정도이기에 문제가 되는지를 측정할 수가 없다. '전년동기 대비 고객 만족도가 30% 하락했다.'라고 하면 문제가 보다 더 명확하다고 할 수 있다.

Attainable: 달성 가능한 문제이어야 한다. 불가능한 문제 제기를 한다면 의견만 분분할 뿐이다. 예를 들어 자신의 투자 자금이 1억 밖에 없는데 10조가 필요한 사업은 현재로서는 무리가 많다.

Result-oriented: 조직의 성과와 관계가 있는 문제이어야 한다. 어떤 외부적 문제나 감정적 문제는 성과와 관련이 없을 수 있다. 이런 것들은 과감히 배제함으로써 성과에 집중할 수 있어야 한다.

Time-bound: 문제가 적절한 마감 시간을 요하는 것인지를 봐야 한다. 지금 해결해도 되고 나중에 해결해도 되는 문제는 문제가 아니다.

Authority-bound: 문제를 해결하기 위해서는 적정한 책임자가 있어야 한다. 고양이 목에 방울 달기처럼 아무도 하지 못할 일을 문제라고 한다면 공론만 될 것이다.

활용 Tips

 이 기법은 문제라고 생각되는 것들을 최대한 많이 끌어내야 한다. 대부분 문제는 정해져 있다고 생각하고 아이디어부터 내려고 하지만 정작 다른 관점(고객의 관점, 제3자의 관점, 담당자의 관점, 이해관계자의 관점)으로 보면 색다른 문제가 보일 수 있다. 그리고 나서 해당 문제들을 SMARTA관점으로 걸러내면 된다.

4장
아이디어를 내다

Design
Your
Meeting

SCAMPER 기법

개요

Substitute, Combine, Adapt, Modify, Put to other use, Eliminate, Rearrange의 앞 글자를 딴 말이다. 상품이나 서비스의 구성 요소를 먼저 도출하고 각 구성요소 별로 SCAMPER 에 해당하는 아이디어를 개발하는 기법이다.

Substitute는 현재의 문제 또는 구성 요소를 다른 요소로 대체해 보는 것이다. 제품의 재료, 기능, 부품, 서비스 등을 다른 요소로 대체 가능성이 있는지를 검토한다.

Combine은 전혀 다른 요소를 서로 결합하여 제품이나 서비스 아이디어를 내보는 것이다. 예를 들면 안경과 책상이라는 요소를 합한다면 책상이 보안경 기능을 할 수 있도록 시력 보호 책상을 만들어낸다.

Adapt는 현재의 구성요소에 다른 요소를 가지고 와서 적용시켜보는 것이다. 예를 들어 배 위에 포크레인을 적용시켜 보는 방식이다.

Modify는 현재의 구성요소를 다른 방식으로 수정해 보는 것이다. 못을 박되 양쪽에서 두드리거나 눌러주면 리벳이 되는 이치와 같은 방식으로 진행한다.

Put to other use는 현재 사용하고 있는 사용 방식을 바꿔 다른 분야나 시장에 적용해 보는 방식이다. 폐광된 광산으로 관광 상품으로 만드는 방식이다.

Eliminate는 현재에 있는 요소를 삭제해 보는 것이다. 예를 들어 의자에서 다리를 없애버려 맨 바닥에 앉는 의자를 만들어 보는 것이나, 생산에서 조립이라는 단계를 생략함으로써 소비자가 직접 상품을 만들어 내는 DIY제품 등이 이에 해당한다.

Rearrange는 상품의 제조 과정이나, 소비자에게 전달하는 과정, 과금의 방식 등의 순서를 변경하여 봄으로써 소비자에게 더 큰 혜택을 줄 수 있는 아이디어 기법을 말한다. 선불카드 방식의 전화 요금 방식, 소비자가 상품을 외상으로 사고, 금융사가 이를 상점에 먼저 지불하고, 나중에 이를 소비자에게 청구하는 카드나 여행자 수표가 이에 해당한다.

활용 프로세스

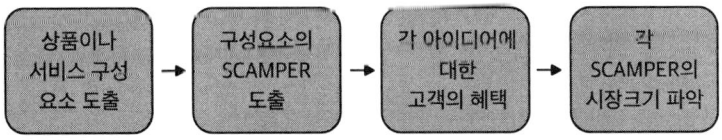

1. 상품이나 서비스 구성요소 도출

제품이나 서비스를 구성하고 있는 요소들을 나열한다. 제품과 서비스를 구성품, 기능, 디자인, 사용 및 배치 공간, 사용 방법, 사용 시간, 제조 순서, 소비자 전달 순서, 과금 순서 등 다양한 측면에서의 구성요소들을 나열한다.

2. 구성요소의 SCAMPER 도출

각 구성요소에 맞는 SCAMPER를 도출해 본다. 아래의 예시는 냉장고에 대한 예시이다.

구성요소	Sub-stitute	Combine	Adapt	Modify	Put to other use	Eliminate	Re-arrange
모터		에어컨 모터와 함께 사용		작게 만든다			
문짝					거울로 사용	문짝 없는 냉장고	
손잡이						없앤다. 누르면 열리는 문짝	
냉동			냉동 숙성고				
과금							사용 시간에 따른 과금
식사 준비 시간							식사끝나고 쓸 수 있다면

3. 각 아이디어에 대한 고객의 혜택 예상

각 아이디어를 수용하였을 때 어떤 고객이 어떤 점에서 좋아할지를 예상해 보는 것이다. 예를 들어 문짝을 거울로 만들었을 때 집이 좁아 거울을 놓을 만한 곳이 마땅치 않은 여성이 좋아할 것이라면, 원룸에 사는 여성이 거울을 사는 비용을 줄이는 혜택과 장소의 효율성으로 인해 좋아할 것이라고 예상해 볼 수 있다.

4. 각 아이디어에 대한 시장 규모 추정

각 아이디어를 구체직으로 실행하기 위해서는 시장 규모가 자사의 추구하는 시장에 적합해야 한다. 어느 정도의 크기 이상과 수익률을 제공해야 한다. 따라서 각 아이디어에 따른 잠정적인 원가와 판매가, 예상 고객수, 자사의 시장 점유율 등을 따져 예상 시장규모를 추정해야 한다.

활용 Tips

파악된 구성요소 모두를 SCAMPER 분석할 필요는 없다. 여기서 가장 중요한 것은 기존에 생각하지 못했던 여러 가지 제품과 서비스를 상상할 수 있다는 것과 해당 시장이 존재할 것이냐에 대한 대답이다. 기존의 관념에서 벗어난 여러 가지 특이한 아이디어를 도출하고, 누가 그 제품을 좋아할 것이냐, 그리고 그 시장 규모가 도전해 볼 만한 시장 규모 이상이 되느냐가 관건이 된다.

Design
Your
Meeting

ERRC 기법

개요

Eliminate, Raise, Reduce, Create 의 앞 글자를 딴 말이다. 상품이나 서비스의 구성 요소를 먼저 도출하고 각 구성요소 별로 ERRC 에 해당하는 아이디어를 개발하는 기법이다.

Eliminate는 현재의 문제 또는 구성 요소를 없애 보는 것이다. 제품의 재료, 기능, 부품, 서비스 등을 없앨 수 있는지를 검토한다. 예를 들어, 휴대폰의 자판을 없애는 것이다. 실제로 이스라엘에 서비스되고 있는 Mobee phone은 자판을 없애고, 걸 수 있는 곳을 4곳만 지정할 수 있게 했다. 엄마, 아빠, 집 그리고 나머지 하나 더.

이렇게 함으로써 문자 메시지를 보낼 수도 게임도 할 수 없지만 자판을 없애 전화 크기를 줄이고, 불필요한 전화를 하지 않도록 했다.

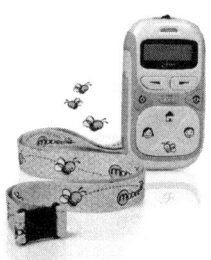

모비폰

Raise는 제품이나 서비스의 구성요소 중에서 하나를 선택하여 해당 구성요소를 더 크게 하거나, 극대화, 업그레이드 하는 것이다. 예를 들면 전화의 자판을 더 크게 확대해 보는 것이다.

번호를 확대한 전화기

Reduce는 현재의 구성요소 중에서 하나를 선택하여 해당 구성요소를 줄이거나, 작게 하거나, 기능을 축소하는 것이다. 예를 들어, 저가항공사 비즈니스 모델은 항공 노선을 축소하거나, 기내서비스를 축소하거나, 보유 기종을 단일화 시켜 유지보수 비용을 줄임으로써 저가 항공서비스를 내놓을 수 있다.

다양한 저가 항공기

Create는 현재의 구성요소 중에서 없는 기능을 새로 더하는 것이다. 예를 들어, 기존의 휴대폰은 이메일을 볼 수 없었는데 휴대폰에서 이를 볼 수 있도록 하는 기능을 추가하는 방법이다.

활용 프로세스

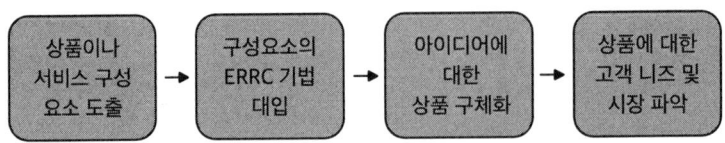

1. 상품이나 서비스 구성요소 도출

제품이나 서비스를 구성하고 있는 요소들을 나열한다. 제품과 서비스가 포함하고 있는 기능, 구성품, 서비스 내용 등을 나열한다.

2. 각 구성요소의 ERRC 기법 대입

나열된 구성요소를 ERRC에 따라 아이디어를 도출한다. 하나의 요소를 선택하여 해당 요소를 없애거나, 늘리거나(크게 하거나), 줄이거나, 다른 요소를 추가(창조)한다면 이라는 가정으로 상품을 구상한다.

3. 아이디어에 대한 상품을 구체화

상기에서 도출된 아이디어 중에서 기준을 정해 몇 개의 후보군을

골라 해당 상품에 대한 이미지를 그려본다.

4. 상품에 대한 시장 파악

각 아이디어를 통해 상품이 만들어졌을 때 누가 이를 반길 것인가를 먼저 추정한다. 그 혜택을 볼 대상 시장의 규모가 어느 정도 일지를 추정한다. 예를 들어 자판이 확대된 전화기를 구상한다면 노년 계층의 전화 구입 시장 규모를 추정하도록 한다.

활용 Tips

새로운 시장을 탐색할 때 가장 많이 쓰는 아이디어 도출 기법 중의 하나이다. 자유로운 분위기에서 맘껏 상상할 수 있도록 하는 것이 좋다. 그리고 고객의 니즈나 혜택을 파악할 때는 자신의 경험만이 아닌 실제 주변의 사람들이나 시장에 종사하고 있는 이해관계자들에 대한 인터뷰와 설문조사 등이 필요하다. 왜냐하면 자신만의 개별화된 특수성이 시장을 보장해 주는 것이 아니기 때문이다. 반드시 시장을 눈으로 확인하고 신규 사업을 시작해야 한다.

Design
Your
Meeting

만다라트(Mandal-Art) 기법

개요

계획을 실천하는 여러 가지 방법 가운데 최근 이슈가 되고있는 기법이다. 일본 유명 야구선수 오타니 쇼헤이의 '목표 달성법'으로 잘 알려져 있는데, 사실 이 기법은 일본 디자이너 이마이즈미 히로아키가 개발한 발상기법이다. 기본형태는 '가로 3×세로 3'으로 이뤄진 9칸짜리 사각형 9개로 이루어져있다. 사각형 9개 중 가장 중심 사각형의 중심칸에 제일 중요한 목표를, 이를 둘러싼 8칸에 그 목표를 이루는 데 필요한 세부목표들을 적는다. 이렇게 되면 한가운데 사각형 하나가 채워진다.

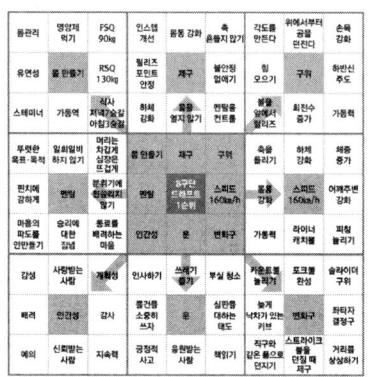

오타니 선수가 고 1때 작성했다는 만다라트 목표

　머릿속에 떠오르는 아이디어나 다양한 생각을 사방팔방, 거미줄 모양으로 퍼져가도록 적어 나갈 때도 마찬가지이다. 처음 제시한 아이디어를 중심으로 계속해서 아이디어를 확장해 나가는 방식이다. 중앙(theme)에 주제를 기입하고 1번부터 시작하여 8개의 칸에 주제와 연관된 아이디어를 적는 방법으로 칸을 늘려 진행 할 수도 있다. 이렇게 제안한 아이디어들은 서로 긴밀하게 구조화 되어 있어서 각 아이디어들을 조합하여 창의력을 증폭시키는데 매우 유용하다.

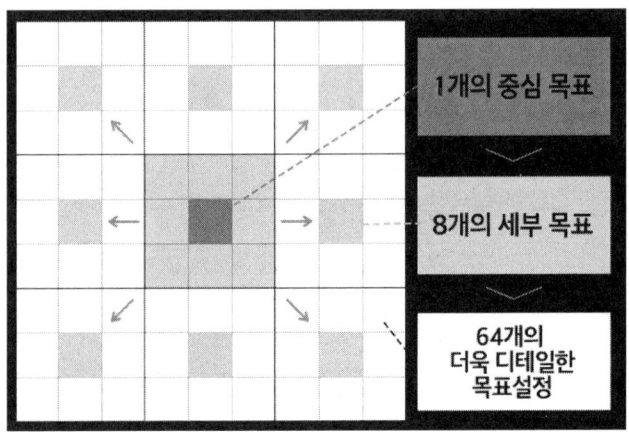

만다라트의 기본 형태

Design
Your
Meeting

비용편익 분석 기법

개요

해당 아이디어의 비용과 편익을 단기적, 장기적 관점에서 추정하여 기대되는 결과를 평가하는 기법이다.

활용 프로세스

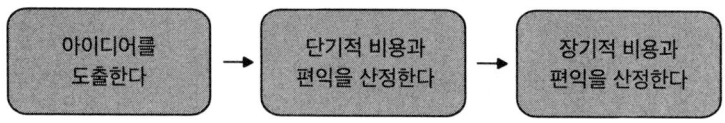

아이디어를 도출한다 → 단기적 비용과 편익을 산정한다 → 장기적 비용과 편익을 산정한다

1. 아이디어를 도출한다

해당 문제를 해결하거나 사업을 수행하기 위한 아이디어를 도출하여 나열한다. 아이디어 간에는 상호배타적인 것이 좋다.

2. 단기적 비용과 편익을 산정한다

해당 아이디어를 수행하는데 필요로 하는 단기적(1년 이내) 비용과 편익을 도출한다. 비용항목과 편익 항목을 먼저 도출한다. 비용은 발생할 수 있는 모든 항목(기회비용, 인건비, 시설비, 조사비, 유통비 외)을 나열하고, 역시 편익항목(매출액, 영업이익, 디자인 만족도, 고객만족도, 시장점유율 외)도 같이 나열한다. 정성적 요인과 정량적 요인이 있으며, 될 수 있으면 정량적으로 표현하는 것이 좋다. 예를 들어 '기존 고객의 불만'이라고 표현하기 보다는 '기존 고객의 이탈율 15%'이라고 한다. 편익 항목 역시 '세련된 디자인'이라고 표현하기 보다, '디자인 만족도 20% 상승'이라고 한다.

3. 장기적 비용과 편익을 산정한다

상기의 단기적 비용과 편익을 바탕으로 2~5년 정도의 장기적 비용과 편익을 산정하도록 한다. 장기적으로 점차 낮아지는 비용(감가상각비 등)과 높아지는 비용(인건비 등)을 구분하여 산정한다. 편익 역시 장기적으로 점차 높아지는 편익(브랜드 인지도 등)과 오히려 반감되는 편익(영업이익율 등)을 구분하여 산정한다.

활용 Tips

보통 아이디어 결과를 추정해보지 않고 해당 아이디어를 직관으로 채택 또는 거부하는 경우가 많다. 아이디어를 위와 같이 간단히 평가를 해보고 나서 상위 순위에 드는 아이디어를 정밀하게 평가하여 선택하는 것이 효과적일 수 있다. 또한 해당 아이디어를 최악의 상황, 일반 상황, 최고의 상황으로 구분하여 비용과 편익을 산정해 볼 수 있다. 이와 다르게 고객의 관점으로만 비용과 편익을 산정해 볼 수 있다. 이처럼 비용과 편익을 산정할 때 서로 다른 관점으로 산정해 보는 것도 아이디어를 객관적으로 평가하기 위한 방법이다.

Design
Your
Meeting

의사결정 나무 기법

개요

분석하고자 하는 아이디어의 결과를 성공시의 이익과 실패시의 손해를 합산하여 아이디어 결과를 추정하는 기법으로 빅데이터 분석을 할 때 가장 많이 사용하는 분석기법이다.

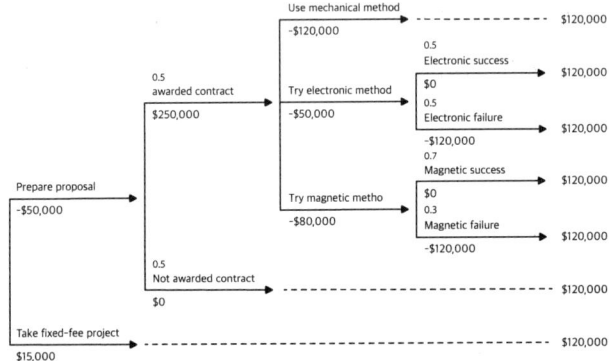

활용 프로세스

1. 아이디어의 의사결정 트리 작성

의사결정 변수를 도출한다. 맨 처음에 시작은 헤딩 아이디어를 채택했을 때와 하지 않았을 때로 구분한다. 그 다음은 채택했을 때의 변수들을 도출한다. 변수가 하나일 때는 아래와 같이 변수를 했을 때와 하지 않았을 때로 구분한다.

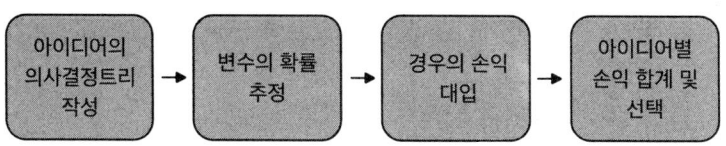

변수가 두 개 이상일 때는 변수들을 기록하고 그 하위 변수들을 기록한다.

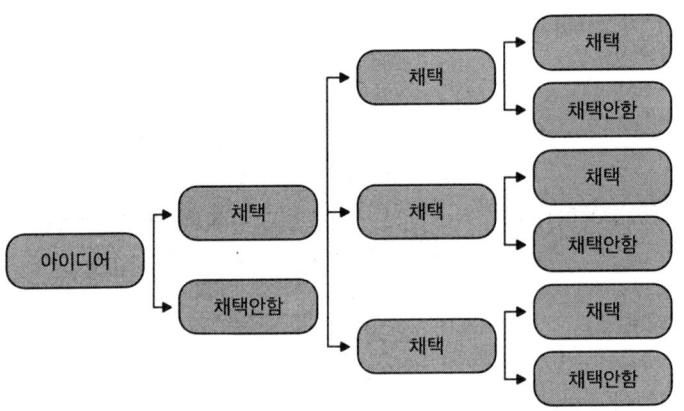

2. 변수의 확률 추정

 각 변수의 확률들을 추정한다. 채택을 하거나 하지 않을 확률, 또는 각 변수를 선택할 확률 등을 추정한다. 이 때 확률을 추정하는 방법은 연역적인 방법과 귀납적인 방법, 그리고 참여자의 선택 확률 등으로 추정한다.

3. 경우의 수에 대한 손익 추정

 상기의 변수에 대한 손익을 추정한다. 해당 사업을 하였을 경우 발생할 수 있는 손익을 대입한다. 해당 경우의 수를 최대, 보통, 최소의 경우로 추정할 수 있다.

4. 아이디어별 손익의 합계

각 아이디어에 대한 손익을 합산하여 아이디어별로 최선의 선택을 하도록 한다.

활용 Tips

이 기법은 결과를 해석하고 이해하기 쉽고 자료를 가공할 필요가 거의 없다는 장점이 있다. 통계학과 데이터 마이닝, 기계 학습에서 사용하는 예측 모델링 기법이다. 엑셀이나 프로그램을 통해 의사결정기법을 사용할 수 있다. 복잡한 의사결정을 이 기법을 통해 단순하게 보여줄 수 있는 장점이 있고, 학습을 통해 모델을 완성시켜 나갈 수 있다.

Design
Your
Meeting

가중치 평가 기법

개요

아이디어를 평가하는 기준을 결정하여, 이 기준들에 서로 다른 가중치를 부여하여 평가하는 아이디어 선택기법이다.

활용 프로세스

1. 아이디어의 평가 기준 설정

아이디어를 평가하기 위한 기준을 설정한다. 예를 들어 아이디어가 신규사업이라면 시장규모, 수익성, 실현가능성, 전략일치성이라고 할 수 있고, 연구개발이라면 개발기간, 투입인원, 시장규모 등이라고 할 수 있다. 이처럼 해당 아이디어를 채택하기 위한 평가기준을 상호 합의하여 선정하도록 한다.

2. 평가 기준에 가중치 부여

해낭 아이디어의 평가 기준에 가중치를 부여한다. 10점 만점에 각 항목들의 가중치를 주어 모두의 합이 10(또는 100)이 되도록 한다. 예를 들어 개발기간(2), 투입인원(3), 시장규모(5)와 같이 하여 합이 10이 되도록 한다.

3. 아이디어의 선택

해당 아이디어를 해당 기준에 맞추어 점수를 산정한 후에 평가 기준의 가중치에 맞춰 환산 점수를 재계산한다. 예를 들어 아이디어 A의 개발기간 가중치 20%*70=14 이다. 이 환산점수를 합계하여 아이디어간 상호 비교하여 점수가 높은 아이디어를 선택한다.

평가기준	아이디어 A		아이디어 B		아이디어 C	
	평가점수	환산점수	평가점수	환산점수	평가점수	환산점수
개발기간(2)	70	14	100	20	70	14
투입인원(3)	80	24	80	24	80	24
시장규모(5)	90	45	30	15	70	35
계(10)		83		59		73

활용 Tips

평가 기준을 무엇으로 설정하고 이의 가중치를 어떻게 하느냐에 따라 아이디어 선택이 달라진다. 따라서 평가기준과 가중치를 설정할 때, 회사의 비전과 미션, 현재의 재무 현황, 외부의 상황 등 총체적으로 해당 아이디어에 영향을 끼칠 수 있는 것들을 도출하여 설정하도록 한다. 이 때 한 사람이 제시한 기준과 가중치보다는 여러 사람이 각자 생각한 기준과 가중치를 단순 합하는 것도 좋은 방법이다.

Design
Your
Meeting

잠재적 문제 분석 기법

개요

아이니어를 추진할 때 발생할 수 있는 잠재적인 문제를 찾아내는 기법이다. 잠재적인 문제를 찾아 점수가 높은 것들을 대상으로 대응방안을 수립한다.

활용 프로세스

1. 아이디어 추진 시 발생 가능한 문제 도출

아이디어를 실행하고자 할 때 미리 어떤 문제가 발생할 수 있을지를 추정해 볼 수 있다. 예를 들어 시간의 부족, 자금의 부족, 기술의 부족 등을 들 수 있다. 이런 문제들을 일단 들추어 나열하고 이에 대한 평가를 하여 대응방안을 수립하는 것이 필요하다. 이 단계에서는 현재 대응 방안이 있던 없던 모든 것을 끄집어 내어 한 눈에 볼 수 있도록 하는 것이 필요하다. 그 발생 가능성이 있던 없던, 중요성이 높던 낮던 모두 꺼내어 하나씩 정렬해가며 나열하는 단계이다.

2. 문제의 평가

해당 아이디어의 추진 시 문제가 발생할 가능성과 중요성을 평가하도록 한다. 일정한 기준을 두어 가능성과 중요성 부분에서 낮은 것을 제외하도록 한다.

3. 대응 방안의 마련

해당 문제들 중에서 가능성과 중요성이 높은 문제들을 다시 나열하고 이에 대한 대응 방안을 마련하도록 한다. 이왕이면 해당 문제를 해결할 주체가 있다면 그 주체로부터 아이디어를 물어 간단히 적어 놓도록 한다. 발생 가능성이 높고 중요성도 높은데 대응 방안 마련이 어렵다면, 처음부터 아이디어를 다시 내놓도록 한다. 대응 방안은 구체적일수록 좋고, 기간까지 나온다면 함께 기술하도록 한다.

활용 Tips

이 기법은 가능성과 중요성을 바탕으로 문제를 평가하고 대응 방안을 마련하는데 있다. 사소한 문제에 너무 얽매이지 않고 중요한 문제에 집중함으로써 시너지를 낼 수 있게 하는 의미이다. 사업을 하다 보면 일단 반대부터 하는 경우가 있다. 이 때 이 기법을 통하여 해당 발생 가능한 문제의 가능성과 중요성을 놓고 토론하다 보면 의외로 좋은 결과를 얻을 수가 있다.

5장
Role & Responsibility

Design
Your
Meeting

KFS 분석

개요

해당 사업을 성공하기 위한 Key Factor for Company Success (KFS)를 도출하기 위한 분석 기법이다. 간단히 말해서 이 사업은 무엇을 잘 하면 성공할 수 있느냐에 대한 분석이다.

활용 프로세스

사업의 내용 도출 → 사업 목표 수립 → 성공요소의 도출

1. 사업의 내용 도출

해당 사업이 어떤 사업인지 하고자 하는 일이 무엇인지를 명확히 하는 작업이다. 새로운 아이디어에 따라 도출된 신규 사업이나 문제해결 방안에 대한 제목을 적고, 그 다음에 그에 대한 일을 하나의 구호로 적는다. '놀이용 물리 학습 어플리케이션 개발' 이라고 적고 그 다음에 조금 더 구체적인 구호로 '중학교 1~2학년을 대상으로 교과서의 단계별 물리 이론을 바탕으로 한 학습용 어플리케이션을 6개월 이내에 개발한다.'라고 기록한다.

2. 사업목표의 수립

사업 목표는 어느 정도의 성과를 보였을 때 해당 사업 또는 문제가 성공적으로 수행되었다고 말할 수 있느냐에 대한 답변이다. 사업 목표는 두 가지의 관점으로 작성된다. 하나는 어느 분야(방향)에서 성공할 것이냐에 대한 것이다. 고객만족도, 시장점유율, 매출액, 영업이익, 자금회전율, 조기 달성율 등등의 선택 분야가 있다. 다른 하나는 어느 정도까지 달성하면 성공했다고 이야기할 수 있느냐이다. 사업으로 본다면 시장점유율, 매출액, 영업이익 등의 비율이나 금액이 나올 것이고, 문제라고 본다면 문제의 제거 또는 그로 인한 성과의 향상이라고 볼 수 있다. 즉 이는 목표 수준이며 목표 수준이 높으면 높을수록 문제가 많아지며, 성공 요소 또한 많아질 수 있다. 하지만 너무 낮게 설정을 하면 일하고자 하는 의욕을 오히려 떨어트릴 수 있다.

3. 성공 요소의 도출

사업목표를 달성하기 위한 성공 포인트를 달성한다. 해당 사업목표를 이루기 위한 이 업무의 핵심 요소는 무엇인가를 도출하는 것이다. 소매처의 확보, 충분한 자금 유치, 피드니사와 제휴, 주목을 끌만한 마케팅, 안정적 생산 등의 요소들을 도출한다. 그리고 나서 성공요소를 성공하면 앞의 사업목표가 달성될 수 있을지를 다시 확인해야 한다. 만약에 성공요소가 성공함에도 사업목표를 달성하는데 문제가 된다면 다른 성공요소를 찾아야 한다.

활용 Tips

해당 사업의 큰 그림이 이 분석에서 나와야 한다. 무엇을 잘 해야 이 사업이 성공할 것인지의 포인트를 잡아내는 것이다. 해당 성공 요소에 따라 추후에 어떤 역량을 가진 사람을 이 사업의 핵심 인력으로 투입할 지를 결정할 수 있다.

Design
Your
Meeting

핵심 역량(Core Competency) 분석

개요

해당 사업이 요구하는 필요한 역량을 분석하기 위한 기법이다. 이 사업이 성공하기 위해서 필요로 하는 역량은 어떤 역량을 갖춘 조직, 규모, 인프라, 사람이어야 하느냐에 대한 분석이다.

활용 프로세스

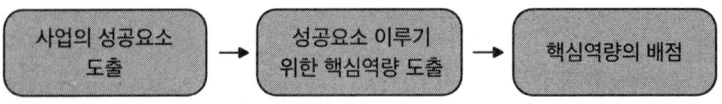

사업의 성공요소 도출 → 성공요소 이루기 위한 핵심역량 도출 → 핵심역량의 배점

1. 사업의 성공요소 도출

해당 사업이 성공하려면 어떤 요소에 중점을 두고 이를 달성해야 하는지를 도출한다. 해당 사업의 특성에 따라 고객의 수요를 이끌어내기 위해서 기본적으로 갖추어야 할 요소 또는 문제를 해결하고 아이디어를 실행하기 위해서 필요로 하는 요소들을 도출한다. 사업의 체크리스트를 만들고 그에 따른 성공요소(세부업무)를 만들어 볼 수 있다.

사업 또는 아이디어	중점 요소 (Check List)	성공 요소 (세부업무)
이업종 간 제휴 업무	Key 업체 서칭	시너지가 큰 기업의 서칭
	업체 컨택 및 PT	수익 모델의 발굴 및 협상
	제휴	계약서 작성 및 향후 관리

2. 핵심역량의 도출

앞에서 도출된 성공요소에 대한 분야별 핵심역량을 도출한다. 회사가 갖춰야 할 역량(브랜드 이미지, 자금력, 유통망, 구매처, 기존고객, 업계 리딩 역량 등등)과 조직이 갖춰야 할 역량(연구개발역량, 신속한 의사결정역량, 생산역량, 투자분석역량 등등), 담당자가 갖춰야 할 능력(협상력, 추진력, 인적 네트워크역량, 조정역량, 커뮤니케이션 역량 등등)으로 구분하여 해당 요소에 맞는 핵심역량을 도출한다. 이 때 각 분야의 필요역량을 도출할 때 현재 해당 역량이 있느냐 없느냐 보다 이 사업을 진행하는데 어떤 것이 필요한가를 냉정하게 도출하는 작업이 필요하다.

3. 핵심역량의 배점

앞에서 도출된 각 역량들에 대해 배점을 한다. 예를 들어 5개의 역량(A, B, C, D, E)이 필요하다고 도출되었으면 각 역량을 합게 100점을 기준으로 배분하는 것이다. 예를 들어 A 30점, B 25점, C 25점, D 10점, E 10점으로 준다. 여러 사람이 배점을 할 때는 각자 배점을 하고 더하거나, 한 사람에게 10장의 스티커를 나눠주고 해당 역량에 붙이는 형식으로 배점을 할 수 있다. 이렇게 배점을 하면 해당 사업의 성공요소와 핵심역량이 한 눈에 보일 수 있어 사업의 중요 포인트를 찾는데 도움이 된다.

활용 Tips

　해당 사업의 큰 그림이 이 분석에서 나와야 한다. 무엇을 잘 해야 이 사업이 성공할 것인지, 포인트를 잡아내는 것이다. 그러면 해당 성공요소에 따라 어떤 역량을 가진 사람을 이 사업의 핵심 인력으로 투입할 지를 결정할 수 있다.

| Design
| Your
| Meeting

줄 사다리 매듭 기법

개요

해당 사업의 프로세스를 분석할 때 쓰는 기법으로, 각 프로세스의 끝에 하나씩 매듭을 만들듯이 어떤 결과물 또는 성과물을 낼 수 있는지를 파악하여 그 단계를 발전시켜 나가게 하는 기법이다.

활용 프로세스

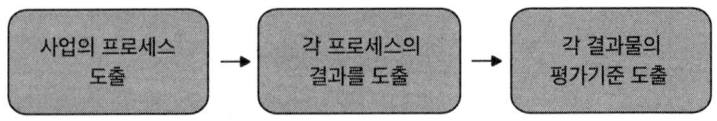

1. 사업의 프로세스 도출

해당 사업을 수행하기 위해 필요한 일들을 순서적으로 나열을 해본다. 도출된 각 일들 중에서 핵심이 되는 일을 앞으로 빼고 그 옆에 그 일을 수행하기 위한 일들을 다시 배치한다. 아래의 그림처럼 맨 앞으로 나와진 내용이 주 프로세스이고 그 옆에 있는 일들이 보조 프로세스이다. 이렇게 주 프로세스와 보조 프로세스로 구분을 하면 향후 일을 하면서 주 프로세스는 전체적인 맥락을 잡고 일을 해나가는 방향으로써의 역할을 한다. 보조 프로세스는 일을 진행해 가면서 어느 정도 수정이 가능하다. 예를 들어 처음에는 중국, 일본, 동남아 순으로 시장 조사를 하기로 했는데, 조사를 하다 보니 일본보다 오히려 러시아 등 동유럽에 시장 기회가 더 있을 것으로 보여 러시아로 그 대상을 바꿀 수 있다.

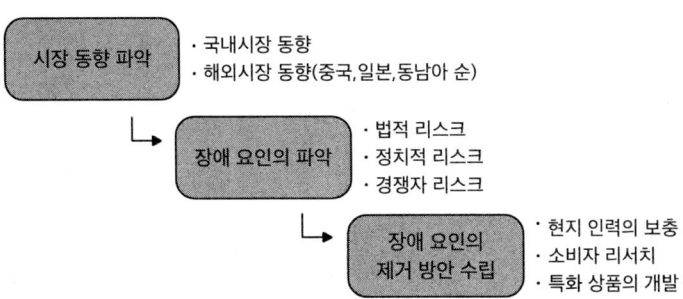

2. 각 프로세스의 결과물 도출

앞에서 도출된 주 프로세스를 바탕으로 해당 프로세스의 결과물이 무엇인지를 미리 정해 놓는 단계이다. 조직 내에서 여럿이 함께 일을 하다 보면 전혀 엉뚱한 방향으로 진행되어 해당 마감 기일에 다른 결과물을 내놓는 경우가 있다. 이 때 각 프로세스에서 원하는 결과물에 대해서 서로 확실하게 약속을 하면 원하지 않는 일들을 다소 줄일 수 있다. 각 프로세스에서 어떤 내용이 도출되거나, 어떤 모습으로 결과물을 보여줄 수 있을지를 서로 합의하여 정해 놓는다. 예를 들어 시장동향 파악이라는 프로세스의 산출 결과물은 시장 동향 보고서이며 이는 최근 5년을 기준으로 하여 시장규모, 유통망 현황 등이 포함되어야 한다고 기술한다.

3. 결과물의 평가 기준 설정

앞서 도출한 각 결과물에 대한 평가를 어떤 기준으로 할 것인가를 제시한다. 해당 결과물에 대한 판단 기준이 서로 합의가 되지 않으면 그 일을 수행하는 사람이 잘하면 좋지만, 만약 수준 이하의 결과물이 나오게 되면 처음부터 일을 다시 해야 하는 경우가 발생할 수도 있다. 예를 들어 시급성(보고의 기한), 내용의 최근성, 내용의 유용성 등 3개 분야로 평가 기준을 설정한다면 해당 수행자로 어떤 관점으로 해당 프로젝트를 수행해야 하는지가 명확하게 도출될 수 있다.

활용 Tips

해당 사업이 다른 방향으로 가지 않도록 중간 중간의 결과물로 확인할 수 있도록 하는 분석이다. 될 수 있으면 다양한 관점으로 일을 바라볼 수 있는 참여자가 참석하는 것이 좋다. 같은 동종의 업무를 하는 사람들만 있으면 해당 결과물이나 그 평가 기준이 서로의 눈높이에 손쉽게 동조하는 경향이 있어 결과물의 수준을 낮출 수가 있다.

Design
Your
Meeting

빅 픽처(Big Picture) 기법

개요

해당 사업의 프로세스를 분석할 때 쓰는 기법으로, 각 프로세스가 최종적으로 이 프로젝트의 어느 부분에서 어떤 역할을 하느냐를 명확하게 나타내도록 하는 기법이다. 이를 통해 각 업무 프로세스가 어떤 역할을 해야 하는지를 구체적으로 도출할 수 있다.

활용 프로세스

1. 사업의 구성, 용도, 혜택의 도출

해당 사업을 구성, 기능별로 구분을 한다. 예를 들어 의자를 만드는 프로젝트라고 한다면 구성은 다리, 앉는 자리, 등받이로 나뉘어진다. 용도는 앉기, 기대기이고 그 혜택(요구조건)은 튼튼함, 편안함 등으로 구분할 수 있다. 이처럼 하는 이유는 각 프로세스 별로 일을 하다 보면 자신의 일이 어디 부분에 어떻게 쓰여야 하는지를 잊어버릴 때가 있다.

2. 사업의 프로세스 도출

해당 사업을 하기 위해서 필요로 하는 업무 내용을 열거하고 이를 순서대로 나열한다. 각 업무의 내용 중에서 헤드가 될 만한 것들을 위주로 다시 정리한다. 의자를 만들어야 하는 프로젝트라면 제품 디자인, 재료의 선택, 가공 및 조립이라는 프로세스를 거쳐야 한다. 사업의 프로세스 도출은 큰 항목을 적되 큰 항목을 달성하기 위한 하위 항목을 구체적으로 기술할수록 추후에 업무를 진행하기 편하다.

3. 사업의 구성, 용도, 혜택과 사업의 프로세스 도출

　1번 프로세스에서 도출된 사업(또는 제품)의 구성, 용도, 혜택 등의 구성요소를 해당 사업의 프로세스와 매칭함으로써 그 프로세스가 어떤 용도로 어떤 역할을 해야 하는 지를 분석한다. 예를 들어 의자를 만든다면 그 때 제품 디자인은 총체적인 그림을 바탕으로 다리, 앉는 자리, 등받이에 대한 디자인을 꾸며야 함과 동시에 앉을 때와 기댈 때의 튼튼함과 편안함을 유지할 수 있도록 디자인 해야 한다는 것을 의미한다.

활용 Tips

　이 분석을 통하여 해당 사업의 각 프로세스에서 어떤 역할을 하거나 기능을 갖춰야 하는지를 명확히 할 수 있다. 이 때 새로운 아이디어 즉 의자의 용도를 앉기, 기대기 이외에 새로운 아이디어를 추가할 경우 새로운 구성이 추가될 수 있다. 즉 밟고 올라서기, 다리 올려놓기 등으로 새로운 용도를 추가하면 그에 따른 다른 디자인이 도출될 수 있다. 기존의 틀에서 벗어난 새로운 용도와 기능으로 새로운 혜택을 줄 수 있는지를 살펴보는 것도 한 수단이다.

Design
Your
Meeting

자원의 역량 분석 기법

개요

특정한 사업을 하고자 할 때 자신들이 보유한 역량을 분석하여 이를 자체 조달할지 또는 외부에서 조달할지를 분석하는 기법이다.

활용 프로세스

1. 필요 자원의 도출

해당 사업을 성공적으로 수행하기 위한 자원을 그 요소 별로 도출한다. 크게 보면 인력, 자본, 기술로 볼 수 있는데 그 내용을 보다 상세히 작성할수록 좋다. 예를 들어, 인력의 경우 해당 사업의 경험 여부, 커뮤니케이션 능력, 제휴 업무 능력, 영업력, 기획력 등 상세한 필요 역량을 기재하도록 한다. 자본 역시 필요한 시기와 금액을 구분하여 작성한다. 기술은 특허의 필요 유무, 프로세스 별 필요 기술 등을 구분하여 작성한다.

2. 보유 자원의 역량 분석

앞에서 도출한 필요 자원을 나열하고 보유한 자원에 점수를 매겨 무엇이 충족되어 있고 부족한지를 한 눈에 볼 수 있도록 한다.

	필요 자원	보유 자원	평가 점수
인력	기획력	김차장	100
	수행 경험	김차장, 오과장	60
	영업력	차대리	90
자본	1년차: 50억원	자체자금	100
	2년차: 150억원	차입	50
기술	건식 도금 기술	자체 기술 + 개발 필요	75

3. 조달과 외부 조달의 결정

1, 2번 프로세스에서 진행된 내용을 토대로 부족한 부분을 어떻게 충족시켜야 할지를 결정하는 부분이다. 결정하는 내용은 내부 조달과 외부 조달이 있으며, 내부 조달 시에도 어떻게 보강을 할 지를 결정해야 한다. 위의 표에서 부족한 수행 경험은 외부의 컨설팅을 통해 보완하고 영업력은 차 대리를 교육 시킴으로써 자체조달+교육이라는 항목으로 완성시킨다. 부족한 건식 도금 기술은 자체로 할 경우 교육을 추가하고, 외부 조달을 할 경우 기술 도입이나 컨설팅 등을 통해 부족분을 메우도록 한다.

활용 Tips

이 분석은 해당 사업이 성공할 수 있기 위한 토대로서 자사가 보유한 자원에 대한 냉정한 평가를 하는 게 중요하다. '하면 된다'라고 밀어붙이기 보다는 누가 하면 효율적일 지를 열거하고 그에 대한 냉정한 평가를 통해 내외부의 자원을 최대로 활용하기 위한 구성을 해야 한다.

Design
Your
Meeting

책임자 선정 기법

개요

특정한 사업을 하고자 할 때 이를 성공적으로 수행하기 위한 책임자를 선정하는 기법이다.

활용 프로세스

1. 필요 역량의 도출 및 후보자 List up

해당 사업을 수행하는 데 필요한 역량을 도출하고 이에 맞는 후보자 리스트를 모은다. 필요한 역량은 해당 사업의 성공 포인트가 될 수 있는 핵심역량으로 없으면 안 되는 역량으로 설정하도록 한다. 후보자는 내외에 있는 모든 후보자를 모으도록 한다. 특히 보유 자원의 특성 분석에서 외부 조달을 하기로 했다면 해당 후보자를 미리 면담하여 후보자로 올려 놓도록 한다. 현재 해당 후보자가 다른 일에 투입 되고 있다 하여 제외 시키지 말고 우선 해당 후보 리스트에 올려 놓도록 한다.

2. 해당 인력의 역량 분석

앞에서 도출한 필요 역량과 후보자를 매칭하여 나열하고 그 후보자에 대한 점수를 매긴다. 점수에 대한 기준은 해당 역량의 충족도이다. 점수가 높은 후보자들을 다시 인터뷰하여 해당 사업에 적정한 책임자가 될 수 있을 지를 다시 판단하도록 한다.

3. 책임자 선정과 역할 책임

1, 2번 프로세스에서 진행된 내용을 토대로 점수가 가장 높은 사람을 책임자로 선정한다. 이 때 책임자는 자신이 해야 할 역할을 명확히 이해해야 하며, 조직은 그 책임자가 기존에 해왔던 일을 어떻게 마무리를 해야 할 지를 명확히 설명해야 한다. 새로운 일이 주어진다는 것은 기존의 일을 다른 이에게 이전하거나 자신이 마무리해야 한다는 것을 의미한다. 또한 새로운 업무를 맡기는 사람은 사업 책임자에게 주어진 역할이 무엇인지, 사업의 성공 요소는 무엇이고 무엇을 해야 성공이라고 할 수 있는지에 대해 설명할 의무가 주어진다.

활용 Tips

회의에 참석했다는 이유 또는 이 일은 그 사람이 가장 잘 할 것 같다는 이유로 일을 맡긴다면 누구나 회의에 참석하기 부담스럽고, 일을 잘 하는 것조차 부담스러울 것이다. 일은 합리적으로 책임자를 찾아야 하며, 책임이 맡겨진 사람에게는 주어진 역할이 정확히 무엇인지를 설명해야 하며, 기존의 일을 처리할 수 있도록 해야 한다.

6장
2사 민루, 회의를 혁신하다

Design
Your
Meeting

회사 혁신을 위한 대담

　　이 대담은 회사의 혁신을 회의문화 혁신을 통해 시작하려는 임원, 팀장과 마크리더컨설팅의 김상목 컨설턴트와의 대담을 기록한 것이다.

상무 : 우리 회사의 혁신이 과연 회의문화 혁신을 통해서 성공할 수 있을까라는 생각이 듭니다. 임원들이나 팀장들의 반발은 없을까, 사장님이나 오너의 힘을 업고서 컨설팅을 하면 더 좋을까, 또 혁신을 담당하고 있는 나 자신의 역할은 무엇일까 등등 지속적인 질문들이 머릿속에서 떠나질 않습니다.

김상목 : 상무님의 노심초사 회사를 위하는 마음, 그래서 회사를 혁신하여 성공하고자 하는 마음이 와 닿습니다. 상무님 애기의 핵심은 누군가를 변화시키고 싶다는 얘기로 요약할 수 있습니다. 하지만 누군가를 변화시킨다는 것은 참으로 어려운 일입니다. 더군다나 회사라고 하는 막연한 대상일 때는 더욱 그렇습니다. 일단 저는 이렇게 얘기하고 싶습니다. '내가 누군가를 변화시킬 수는 없다'라고요. 왜냐하면 나 자신 스스로도 변화하고 싶어도 쉽게 변하지 않기 때문에 타인이 나를 변화시키려고 한다면 역시 변화 되질 않으리라고 생각합니다. 더군다나 사람은 다른 사람에 의해서 변화되는 것을 상당히 두려워합니다. 그리고 그런 사람을 싫어하기 까지 합니다. 그런데 거기에 강요하고, 협박까지 한다면 정말 변할까요? 물론 변화하는 척은 할 수 있지만 상무님이 바라는 참 변화는 오지 않을 것 같습니다.

상무 : 맞습니다. 사실 이미 8년 전에도 회사에서 엄청난 혁신 바람이 불었습니다. 몇 달 동안의 준비 끝에 비전 선포식, 워크샵 등 막대한 비용을 써가며 행사도 했습니다. 하지만 결과적으로는 실패였습니다. 그냥 그런 행사를 했었다 치고, 좋

은 음식 잘 먹었다 정도였습니다. 비전 수립 행사나 미션 만들기 행사는 직원들의 가슴에 들어가지 못했습니다. 모여서 먹고 헤어지는 이벤트들은 오히려 직원들에게 반감을 일으켰고, 앞으로 무엇을 해도 별거 없다는 생각을 만들기 까지 했습니다.

김상목 : 맞습니다. 그래서 우리는 변화라는 말을 조심스럽게 써야 할 필요가 있습니다. 변화하라고 했지만 받아들이는 사람은 먼저 거부감으로, 추후에는 반발로 이어지기 때문입니다. 설사 그 변화의 목적지가 아무리 아름답다고 하더라도 말이지요. 그래서 실제로 변화가 어느 때, 어떻게 일어나는지 눈 여겨 볼 필요가 있습니다. 상무님은 어느 때, 어떻게 변화하십니까, 그런 경험은 있으신지요?

상무 : 하하(웃음). 맞습니다. 저도 누가 제게 담배를 끊으라고 하면 맞는 말인데도 반감이 드는 경우가 많거든요. 물론 제가 변화했었던 계기가 있었습니다. 담배로 얘기하면 어느 날 아침에 일어나서 이젠 그만 피워야지 하고 그날부터 몇 개월간 끊었던 적이 있습니다. 물론 그 뒤에 다시 피웠지만요.

김상목 : 바로 그거예요. 변화라는 것은 억지로 시킬 수 없는 거지요. 변화할 환경은 제공하되 강요하지 않는다. 회사에 다니는 사람은 누구나 알 거예요. 자신 스스로 또는 이제 회사가 혁신해야 한다고 말이에요. 다만 그럴 수 있는 환경이 주어져 있지 않거나, 아직 때가 되지 않았다고 말이에요. 회사는 변화할 수 있는 환경과 기회를 제공하는 것이고, 그에 따른 선택은 본인들이 할 수 있도록 하는 게 필요하다고 봅니다. 변화는 선택의 다른 말일 뿐입니다. 그리고 자신의 선택에 대해서 책임을 질 따름입니다. 자신이 한 선택에 대해 예측하고 또 선택하여 그 결과를 겸허히 받아들이는 것이 변화의 시작이고 끝이라고 생각합니다.

팀장 : 제가 볼 때 우리 회사 사람들은 패배의식이랄까, 해도 안 된다는 생각을 많이 하고 있습니다.

김상목 : 좀 구체적으로 예를 들어 말해줄 수 있을까요?

팀장 : 예, 어떤 팀장이 저에게 "이런 건 이렇게 하면 안 되는데 하는 생각이 들어도 그냥 참고 지나간다. 왜냐하면 내가 아무리 얘기를 해도 회사가 듣지 않으니까." 라고 얘기를 합니다.

김상목 : 우리는 누군가 얘기를 할 때 그 말의 본질이 무엇인가를 파악하는 게 필요하다고 생각합니다. 회사라고 얘기할 때 그 회사가 좀 막연합니다.

상무 : 맞습니다. 사람들이 회사라고 얘기할 때 그 회사가 막연한데, 조금만 구체적으로 얘기하면 그 회사라는 것은 구체적으로 어떤 사람을 지칭하는 경우가 많습니다. 본부장 혹은 사장 말입니다. 또는 본인의 생각이 구체적이지 못할 때는 그냥 회사라고 얼버무려 얘기할 수도 있지요.

김상목 : 맞습니다. 우리는 자신의 선택에 대한 결과에 대해 항상 변명할 거리를 찾고 다닙니다. '그건 내 잘못이 아니야. 저 사람 때문에 내가 이럴 수 밖에 없어'라고 생각하며 자기를 정당화 시키는 거죠. 아까 말한 팀장뿐 아니라 우리 인간의 속성이 그렇다는 사실을 알아야 한다고 생각합니다. 어떻든 팀장님께서는 사람들이 그런 패배의식 같은 것 없이 일에 열정을 가졌으면 하는 바람이 있으신 것 같네요.

팀장 : 예 맞습니다. 자기가 뭘 해도 안 된다는 생각을 갖고 있다면, 또 그런 사람들이 대다수라면 우리 회사의 내일은 암울

하다고 생각합니다.

상무 : 그래서 제가 생각한 것이 변화이고, 그 변화를 위해 회의에서부터 하고 싶다는 것입니다.

김상묵 : 좋은 생각입니다. 대다수의 회사들이 회사를 혁신한다고 얘기합니다. 그러면서 문화를 개선하겠다고 구호를 외치고, 인사 평가 제도 바꾸고, 비전 수립하는 등의 행사를 반복하지만 제자리를 맴돌기 마련이지요. 그런 면에서 회의를 바꾼다는 것은 오히려 상당히 구체적인 일의 시작입니다. 회의는 모든 일의 시작입니다. 회의를 하고 나서 일을 시작하고, 회의를 통해 의사결정을 하고, 회의를 통해 문제를 결정하고 해결하기도 합니다. 모든 일의 중심에는 회의가 있다는 겁니다. 하지만 정작 회의를 제대로 배운 사람은 없습니다. 회의를 어떻게 시작하는지, 어떻게 이끌어야 하는지, 회의의 아젠다는 무엇으로 해야 하는지, 회의 기법은 무엇이고 어떻게 해야 하는지 배워본 적도 본 적도 없습니다. 제가 하려는 회의 프로젝트는 간단합니다. 회의를 하고, 그에 대해 에너지 폴을 작성하라는 것입니다.

상무 : 저도 회사 생활 20년이 넘었고, 수없이 회의를 진행하고 참가해왔지만 그렇게 중요한 회의인데도 단 한번도 배워 본 적이 없다는 것은 정말 어처구니가 없기까지 합니다.

팀장 : 저는 다른 회사에서 직장 생활을 시작했는데 그 회사만해도 상당히 회의가 잘 운영되었다고 생각합니다. 모두 열정적으로 참여했고, 또 재미도 있었습니다. 하지만 지금 우리 회사는 회의할 때 열정이라고는 찾아볼 수 없습니다. 오히려 회의한다고 하면 피하려고 합니다.

임원 : 하지만 걱정되는 것은 어떤 사람들은 자신들이 회의를 정말 잘하고 있다고 생각합니다.

김상묵 : 정말 잘하고 계신 분이 계신 건 정말 다행입니다. 하지만 그런 분들은 혼자서 잘하는 것이고 그런 분의 역량이 회사 전체로 퍼지게 하는 것은 다른 일입니다. 그게 바로 우리가 해야 할 일이라고 생각합니다.

팀장 : 에너지 폴에 대해서 말씀하셨는데, 다시 한 번 더 말씀해 주시겠어요?

김상목 : 에너지 폴은 회의의 모습이 어떻게 진행해야 하는지에 대한 목표점이라고 할 수 있습니다. 회의가 끝나고 난 후에 그 회의에 대해 평가를 하는 겁니다. '이 회의를 통해 에너지가 생겼는지, 아닌지'를 평가합니다. 그렇게 평가한 이유를 간단히 적어서 성적표를 받는 겁니다. 회의를 누가 진행을 하든, 누가 참석을 하든 항상 이것을 염두에 두고 진행하라는 얘기입니다. 참석자 모두는 이 '회의의 에너지'에 대해 책임을 져야 한다는 의미입니다. 회의를 하는 이유는 그 회의를 통해 에너지가 생겨서 더 열심히, 재미있게 하려는 목적입니다. 따라서 그 목적에 충실했는지를 우리 모두가 관심을 갖고 회의에 임해야 한다는 의미로서 에너지 폴을 진행하는 겁니다. 제가 요구하는 것은 첫째 주간 업무 회의를 개최하라, 둘째 회의록을 제출하라, 셋째 에너지 폴 결과서를 제출하라는 것입니다.

팀장 : 어떤 팀은 일년 내내 회의도 한 번 하지 않는 팀들도 있습니다. 그런 팀들 입장에서 회의를 하고, 게다가 에너지 폴을 제출하라면 자신들의 성적표인데 부담을 느낄 것 같습니다.

김상목 : 안 해왔다면 부담은 느낄 겁니다. 하지만 조직에서 한 번

도 회의를 하지 않는 것에 대한 부담은 어떻게 하죠? 무능한 리더를 데려 오라면 누구를 데리고 오시겠습니까? 제대로 회의 하나 못하는 사람이 아니겠습니까? 그리고 회의는 그 조직의 리더가 주가 돼서 진행해서는 안됩니다. 직원들이 입을 여는데 부담을 느끼기 때문입니다. 서로 돌아가면서 사회를 맡아 진행하는 것이 훨씬 효율적입니다.

임원 : 아, 임원이나 팀장이 회의를 진행하는 게 아니었군요.

김상목 : 회의를 좌장격인 팀장이나 임원이 진행해야 한다는 의무감에서 벗어나야 합니다. 그래야 자신이 모든 것을 끌고 가야 한다는 압박감에서 벗어날 수 있고, 본인도 새로운 생각을 자유롭게 내놓을 수가 있습니다. 직원들 입장에서도 회의를 진행하며 본인의 운영 능력이 커질 수 있어야 합니다.

팀장 : 아, 그럼 에너지 폴에 대한 성적표도 결국 모든 사람의 책임이겠네요.

김상목 : 당연합니다. 임원이나 팀장이 굳이 내 책임이라고 생각할

필요가 없습니다. 이대리가 회의를 진행할 때와 차 과장이 회의를 진행할 때, 서로 다른 에너지 폴 결과가 나올 겁니다. 물론 주제에 따라서 다르겠지요. 그런 결과들을 놓고 왜 그런 결과가 나왔는지를 서로 생각해 볼 시간을 갖다 보면, 참석한 모든 사람들이 스스로 변화할 수 있는 계기를 마련할 수 있습니다. 회의는 어떤 한 사람의 책임이 아니라 참석한 모든 사람의 책임입니다.

팀장 : 제 맘 속에 부담을 한 가지 덜어냈습니다. 임원들한테도 그럼……

김상목 : 임원들에게도 당연히 이 세가지를 요구해야 합니다. 그래도 못하겠다면 역시 그 분들의 선택입니다. 그에 대한 결과를 책임지는 것입니다. 직원들이 볼 때 '임원들 자기들도 안 하면서……' 라는 생각을 들게 할 것인가라는 점을 말이죠. 임원들도 같이 느껴야 합니다. 우리의 의사결정은 합리적인 방식을 따라 하고 있는지, 효율적인 회의 방법을 채택하고 있는지, 우리는 단 한 사람의 힘을 더 필요로 하고 있는지 등등 말입니다. 결국 회사의 미래를 책임지는 일을 하자고 하는 것입니다.

팀장 : 팀장들이 우리의 변화의 타겟이 되는 것은 아닌지요?

김상목 : 아닙니다. 우리의 대상은 사장님부터 막내 신입사원, 수위 아저씨, 청소부 아주머니까지입니다.

상무, 팀장 : (동시에) 네?

김상목 : 우리가 회의를 개선함으로써 하려는 것은 Energy와 Synergy입니다. 에너지는 회의가 끝날 뒤의 비전입니다. 시너지는 우리의 목표이자 성과입니다 우리는 지나가는 개미 한 마리의 힘까지도 동원해서 회사의 목표를 이루기 위한 힘을 모아야 합니다. 누구를 특정 지어서 그 사람 혹은 그 사람들이 바뀌면 회사가 바뀌는 것이 아니라, 단 한 사람이 갖는 에너지가 up이 되고, 그 힘을 모아 낼 수 있다면 우리의 목표가 달성되는 것입니다.

상무 : 그 동안 회의를 진행하지 않았던 팀들은 어떤 주제로 회의를 하라고 합니까?

김상목 : 우선 회의라고 하는 것을 명확히 할 필요가 있습니다. 우

리가 현재 보여주고 있는 회의는 보고회, 정보공유, 교육, 회의가 서로 혼합되어 있습니다. 즉 회의가 아닌 여러 개의 목적을 지닌 채 시작하고, 그러다 보니 이게 회의인지 교육인지, 또는 깨는 시간인지……

팀장 : 아, 그럼 회의를 그것들과 구분하라는 얘기인 거지요?

김상목 : 네, 그렇습니다. 우리는 회의와 그 나머지의 것을 구분하라고 요구합니다. 그리고 그 회의의 내용은 PIR의 순서를 따르고, 그 PIR중 하나를 선택하라고 말입니다.

팀장 : PIR 이라고 하면……

김상목 : 'Problem, Idea, Role & Responsibility'의 줄임 말입니다. 회의는 이 세 가지의 내용을 담고 있어야 합니다.

상무 : 왜 그런 거죠?

김상목 : 보통 회의를 하자고 하면 이미 문제가 정해져 있습니다. 그래서 아이디어부터 내라고 합니다. 그 다음에 아이디어

를 낸 사람에게 그 일을 배정합니다. 그건 회의도 아니고 일을 제대로 하자는 것도 아닙니다. 제일 중요한 것은 '무엇이 문제인가?'라는 질문에서부터 시작해야 합니다. 문제를 정확히 설정하면 그 실타래는 쉽게 풀릴 가능성이 많습니다. 그리고 나서 문제를 해결할 수 있는 아이디어를 개발하고, 그 개발된 아이디어는 누가 수행할 때 가장 효율적일 지를 감안해서 배정해야 합니다.

팀장 : 아, 그 동안 회의 시간에 입을 다물었던 이유가 바로 그겁니다. 그게 문제가 아닌 것 같은데, 그 문제를 해결하기 위한 아이디어부터 내라고 한다든지, 아이디어를 내면 그걸 낸 사람보고 그 일을 하라고 한다든지 말입니다.

상무 : 내가 팀장에게 그렇게 한다는 얘기인 것 같은데…….

(함께 웃음)

김상목 : 어떻든 대략적으로 회의를 개선하기 위한 전체적인 그림을 말씀 드렸습니다. 마지막으로 제가 드릴 말씀은 우리는 지금 아무도 가보지 않은 길을 가려고 합니다. 저도 상

무님도, 팀장님도, 그리고 회사 모든 임직원들도요. 아무도 미래를 확신할 수 없을 때 할 수 있는 것은 단 한 가지입니다. 그것은 돌다리를 하나씩 놓아가며 강을 건너는 것입니다. 오늘 우리가 할 수 있는 최선의 것은 돌다리를 하나 놓는 것입니다. 그 돌다리는 나 그리고 나와 함께 있는 사람들을 믿는 돌다리입니다. 그게 바로 조직이고 우리가 해야 할 일입니다.

Design
Your
Meeting

왜 회의는 악명이 높은가?

오늘날 비즈니스 환경에서 회의는 필수적인 요소이지만 사실 회의를 좋아하는 사람은 그다지 많지 않다는 것은 놀라운 사실이 아니다. 우리 회사의 회의에 만족하고 있다는 답변은 61점으로 낙제점이라고 할 수 있는 수준이다. 또 다른 조사(취업포털 커리어)에서는 회의 효율성이 48점으로 나타난 것에 비하면 그래도 양호한 수준이다. 어떻든 우리네 회의는 왜 그런 것일까? 직장인 한 사람이 주당 평균 3.2번의 회의에 참석하고, 팀장과 임원들은 하루에도 2~3번씩 열리는 회의에 참석하고 있다. 이는 우리나라 전체 근로자 수 16백만명이 4명씩 모여 회의를 한다고 하면, 휴일을 포함하여 하루에도 거의 170만여건의 회의가 열리고 있다는 것인데, 그럼에도 만족한다는 사람이 30%에 지나지 않는다면 무엇인가 문제가 있는 것은 아닐까? 회의에 만족하지 않은 사람들이 이토록 많은데, 이 많은 사람들이 회의에 대한 두드러기나 거식증에 걸리지 않을까 걱정이다.

그렇다면 왜 회의에 대한 악명을 떨치지 못하는 것일까?

회의가 비효율적이고 비생산적인 이유들을 다음과 같이 정리해 볼 수 있다.

> 회의는 효율적이지도 않고 결과물이 거의 없다.
> 목표를 달성하는데 더 많은 회의가 필요하다.
> 자신이 해야 할 기본적 일들이 많은데,
> 비생산적인 회의에 시간을 써야 한다.
> 사실 회의는 별 필요 없는 정보 전달이나 공유 시간이다.
> 내가 굳이 와야 할 회의는 아니다.
> 회의를 준비하고, 회의를 하는데 소요되는 비용이 너무 크다.

이렇게 비효율적인 회의인데도 왜 개선이 안 되는 것일까?

참석자의 대부분과 매니저들이 회의가 더욱 생산적이고 효율적으로 진행되어야 한다고 생각하고 있음에도 왜 개선되지 않는 것일까? 거기에 대해서는 아래와 같은 이유가 있다.

> 대부분의 사람들, 특히 대표나 매니저를 포함하여 그 중에 정말 효과적이고 생산적인 회의를 경험한 사람들이 드물다.
> 현재의 회의가 얼마나 비효율적인지는 알고 있지만, '편의상' 지금 대로 하는 게 낫다.
> 굳이 바꾸지 않아도 잘 지내왔다.
> 여러 사람의 얘기를 듣는 것은 시간 낭비다.
> 바쁘고 시간 없다.
> 회의를 어떻게 하자는 것인지에 대한 정보가 없다.
> 대부분의 사람들은 회의를 바꾸는데 투자할 시간이 없다.
> 매니저들은 밑에서부터 어떤 의견들이 나오는 것이 부담스럽다.

오늘날 참석해야 하는 회의는 점점 더 늘고 있다. 마크리더컨설팅의 조사에 따르면 45%의 사람들이 작년보다 미팅의 횟수가 늘었다고 대답했다. 물론 줄었다고 하는 사람은 10%이하다. 비즈니스 환경이 너무 빨리 변화되기 때문에 자신이 어디에 서있는지에 대한 정보마저 필요하다. 그러다 보니 회의 참석회수는 물론 참석시간이 늘어나는 것은 당연하다.

INFOCOM의 조사에 따르면 미국의 회의 참석자들은 3분의 2가 회의가 생산적(매우 생산적 포함)이라고 답했다. 게다가 22%는 매우 생산적이라고 대답해, 생산적이라고 대답한 국내의 3분의 1(매우 생산적이라고 대답한 이는 아예 없음)과는 사뭇 다르다.

역시 INFOCOM의 조사에 따르면, 회의의 생산성은 누가 회의를 이끄느냐에 따라 달라진다고 조사되었다. 또한 상위 직급 자들은 하위 직급 자들보다 이 회의가 더 생산적이라고 대답했고, '좋은 시작이 반'이라는 속담처럼 회의 준비가 생산성을 좌우하는 중요한 키라고 조사되었다.

이 조사에서 가장 놀라운 것은 회의가 길수록 더욱 생산적이라는 것이었다. 아래의 그림처럼 5시간 이상의 회의에서 1시간 정도의 회의 생산성 61%보다 더 높은 80%의 생산성을 나타냈다는 것이다. 회의는 짧을수록 좋다는 일반적인 생각을 뒤집는 결과를 나타냈다.

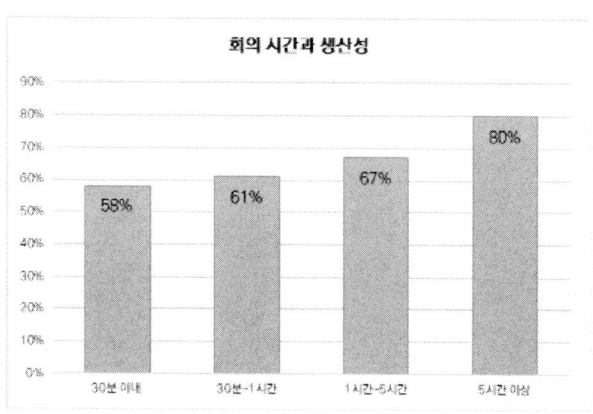

회의 시간과 생산성

회의의 생산성을 향상시키려면

1. 회의를 개선시키는데 시간을 투자하라

회의가 중요하다고 생각되면, 그 회의의 생산성을 향상시키기 위해 회의 자체를 개선시키는데 시간을 투자해야 한다. 저절로 회의의 생산성이 증가하지 않는다. 회의를 어떻게 운영해야 하는지, 어떤 회의가 필요한지, 어떤 습관들이 필요한지, 어떤 기업문화가 전제되면 좋은지 등등의 회의 자체를 위한 교육과 개선이 필요하다.

2. 커뮤니케이션을 배우라

회의는 커뮤니케이션으로 시작해서 커뮤니케이션으로 끝난다. 커뮤니케이션은 듣기와 말하기다. 의외로 이 듣기와 말하기가 서투른 사람들이 꽤 있다. 상대방의 말을 온 몸으로 듣는 '경청 연습'을 통해 향상시킬 필요가 있다. 말하기는 자신이 하고 싶은 말을 상대방이 이해할 수 있도록 효과적으로 요약하여 말을 하는 연습을 할 필요가 있다.

3. 의견과 사람을 분리하라

회의에서 나오는 모든 의견들은 최종 의사결정이 있기 전까지 평등하다. 대표의 의견이든, 막내 신입사원의 의견이든 모든 의견들은 동일한 비중을 두고 평가되어야 한다. 또한 상대방에게 어떤 선입견이나 감정을 가지고 있었다고 하더라도 선입견이나 감정을 그 사람이 제시하는 의견과 분리하여 생각하는 연습을 할 필요가 있다.

4. 팩트와 의견을 분리하라

말 하는 사람은 자신의 얘기가 팩트인지 의견인지를 구분하여 얘기하는 연습을 할 필요가 있다. 또한 얘기를 듣는 사람도 상대방의 얘기를 팩트와 의견을 구분하여 듣는 연습을 할 필요가 있다. 팩트와 의견은 큰 차이가 있지만 마치 자신의 의견이 사실인 것처럼 얘기를 하려는 경향이 있기 때문이다. 평상시에 보고서를 쓸 때 팩트와 의견란을 구분하여 작성하게 하는 것도 좋은 습관이다.

5. 회의를 기획하라

회의 주제를 효과적으로 다루기 위해서 어느 정도의 시간이 필요한지, 어떤 회의 방식을 선택할지, 누가 진행할지, 어떤 사람들이 필요한지, 사전에 준비할 사항이 무엇인지 등등의 것들을 기획해야 한다. 모인다고 저절로 회의의 생산성이 향상되는 것은 아니다.

Design
Your
Meeting

쓰레기는 가라

이제는 쓰레기 같은 회의는 없어져야 할 때다.

회사에서 가장 중요한 시간이라는 회의가 제대로 운영되지 않고서는 조직이 발전할 수 없다. 조직은 끊임없이 진화해야 하는데, 진화의 원동력이 회의이기 때문이다. 회의의 과정과 결정을 통해 진화하기를 거듭한다. 혁신은 기업의 고유 의무이고 이를 통해 생존과 발전을 하며, 그 혁신은 회의를 통해서 만들어진다.

하지만 우리나라 기업에 다니고 있는 직장인들 대부분은 회의 문화에 만족하지도 못하고 있으며, 회의시간에 도출되는 참신한 아이디어도 없고, 일부 참여자가 회의를 독점하며 회의가 끝나면 오히려 에너지가 떨어지는 회의를 개최하고 있다.

> 앨리스는 깜짝 놀라며 주위를 둘러보았다.
> "어머나, 우리가 계속 이 나무 아래에 있었던 건가요? 모든 것이 아까와 똑같은 자리예요!"
> "당연하고 말고. 어떨 거라고 생각했지?"
> 여왕이 물었다.
> "글쎄요. 우리나라에서는 이렇게 한참 동안 빨리 달리면 이딘가 다른 곳에 도착하게 되거든요."
> 아직도 조금 숨을 헐떡이며 앨리스가 말했다.
> "느림보 나라 같으니! 자, 여기에서는 보다시피 같은 자리를 지키고 있으려면 계속 달릴 수밖에 없단다. 어딘가 다른 곳에 가고 싶다면, 최소한 두 배는 더 빨리 뛰어야만 해!"
> 여왕이 말했다.
>
> '이상한 나라의 앨리스' 중, 붉은 여왕과 앨리스의 대화

어디론가 가고 싶다면 최소한 두 배는 더 빨리 뛰어야 하는 시대에 살고 있는데도 불구하고 회의의 모습이 2~30년 전이나 지금이나 같다면 어떻게 할 것인가! 우리는 무엇을 통해서 기업의 경쟁력을 확보할 것인가? 지금까지는 '그럼에도 불구하고' 성공했다고 할 수 있었지만, 앞으로도 여전히 '혁신'없이 성공할 수 있을까? 기업이 성공하기 위해서는 한 사람, 단 한 사람의 힘이라도 모아야 한다. 혁신은 목표이고 회의는 혁신을 달성하기 위한 도구이다. 따라서 회의를 혁신함으로써 혁신을 만들어 내야 한다. 이 회의를 끊임없이 혁신해야 한다.

우리의 일반적인 회의 모습을 그려보자. 우리의 회의는 대체저으로 두 가지 유형의 회의를 진행하고 있다. 즉 보고 회의와 문제해결 회의가 그것이다.

회의의 보고서 양식은 아래와 같다.

보고 회의 양식

월간 실적	월간 계획	주요 이슈
계획 / 실적 / 달성율 / 누적 달성율 / 현황	계획 / 주요 행사	비경상적 사항 및 결정사항

대부분 보고 회의에서 지난 실적을 평가하고 이를 통해 계획을 수립한다. 즉 지난 일들의 성과와 앞으로 해야 할 일을 얘기하고, 의사결정 사항을 그 자리에서 결정한다. 주로 보고 하는 사람들은 보고 받는 사람보다 직책상으로 하위 직급이다. 즉 아랫사람이 윗사람한테 자신이 한 일을 얘기하고 앞으로 할 일을 확정 짓는 자리다.

부하직원들이 지난 일들을 상사에게 보고하니, 왜 그렇게 밖에 못했냐고 질책하거나, 또는 잘했다고 격려한다. 물론 목표가 실적보다 항상 높은 수준으로 되어 있어, 칭찬보다는 질책이 많을 수밖에 없다. 윗사람이 보기에 현재의 문제점은 항상 이미 정해져 있다. 문제는 항상 '네가 문제다.'에서부터 시작한다. '네가 잘 했으면 이런 문제가 안 생겼다.' 또는 '왜 그거 밖에 못하냐'이다.

회의의 시작은 아랫사람의 실적 보고이고 회의의 진행은 윗사람의 훈계이다. 회의의 결론은 아랫사람의 '열심히 하겠습니다.'이다.

어디서 많이 본 모습이지 않은가? 2~30년 전 초등학교 수학 시간 같은 이미지가 그려지지 않는가? 지휘봉을 들고 있는 선생님이 이렇게 말한다. "지금부터 지명하는 사람은 나와서 주어진 수학 문제를 칠판에 풀어라." 그리고 학생들이 문제를 잘 풀면 제 자리로 돌아가고, 못하면 선생님한테 손 바닥이든 엉덩이든, 꿀밤이든 한 대씩 맞는다. 그리고 선생님이 틀린 아이들에게 '열심히 공부를 해오지 않았다'고 한바탕 훈계를 한다. 틀린 아이들은 얼굴이 벌게 진 상태로 열심히 하겠다고 복창을 한다.

나는 이런 식으로 진행되는 보고 회의가 전혀 필요 없다고 얘기하는 것은 아니다. 하지만 이렇게 묻고 싶다. "그런 회의 어디에 새로운 아이디어가 있습니까? 그런 회의 어디에 혁신이라는 요소가 있습니까?"

또 다른 회의는 문제해결회의이다. 현재 경영상황에 있는 문제들을 해결하기 위한 회의를 진행하기 위함이다. 그 때는 아래에 있는 양식들을 주로 사용한다.

문제해결 회의 양식 1

문제점	문제 원인	향후 계획
주요 사항		

문제해결 회의 양식 2

| 월간 실적 | 월간 계획 | 주요 이슈 |

| 차이 원인 및 분석 |

양식 1은 문제점을 적고, 그 문제의 원인을 그 옆에 적는다. 그리고 그 문제 원인을 제거하기 위한 실행계획을 수립하여 보고한다.

모든 전략은 '무엇이 문제일까?'라는 데서부터 출발하는데 이미 문제와 원인을 규명해 놓고 회의를 시작한다. 게다가 이미 그에 대한 대처 방안까지 수립을 다 해 놓았다면 정말 천재들만 회사를 다녀야 하는 것은 아닐까?

양식 2는 PDS 또는 PDCA 방식에 따른 보고 양식이다. Plan-Do-See, Plan-Do-Check-Action에 따른 보고 양식을 주로 따른다.

주어진 보고 양식을 잘 작성하면 정말 문제를 정확히 규명하고, 그 문제의 원인을 찾아내며, 해결책까지 효율적으로 제시할 수 있을까? 이 역시 보고회의에서와 마찬가지로 아랫사람이 윗사람에게 보고한다. 윗사람은 아랫사람이 잘 작성해왔는지, 제대로 발표하는지를 '구경'한다. 문제나 원인, 실행계획이 맘에 들지 않으면 역시 '깬'다. 자신(윗사람)이 참견하지 않으면 제대로 되는 일이 없다는 듯이 훈계를 곁들인다. 아랫사람은 얼굴이 벌개진다.

나는 이 역시 "여기 어디에 혁신의 요소가 있습니까?"라고 되묻고 싶다. 여기 어디에 일할 맛나는 세상이 펼쳐지는지 묻고 싶다. 물론 모든 조직의 회의가 이렇게 진행되는 것은 아닐 것이다. 하지만 만약에 우리 조직의 회의 문화가 정말 이렇게 진행되고 있다면 앞으로 우리 조직이 지속적으로 성장 또는 안정될 수 있는 기반을 마련하고 있는 것인지 생각해 봐야 할 것이다. 시간 낭비, 돈 낭비, 에너지 낭비를 회의에서 하고 있다면 말이다.

이제는 쓰레기 같은 회의는 그만 합시다.

| Design
| Your
| Meeting

우문현답

Q: 사람들이 저한테 집중을 하지 않아요. 어떻게 하면 좋죠?
A: 당신이 회의에 필요 없을지도 모릅니다. 회의에서 빠지세요.

Q: 저는 정말 회의가 싫어요. 맨날 똑 같은 얘기에, 실적 타령하고, 똑 같은 사람만 얘기하고요. 이런 회의 왜 하는지 모르겠어요. 회의가 없으면 좋겠어요.
A: 중이 절 떠나겠다는 얘기와 비슷하네요. 회의를 바꿔야죠.

Q: 우리 부장님은 저한테만 아이디어 없다고 야단이세요. 다른 사

람들도 있는데 왜 저한테만 항상 아이디어가 없느냐며 혼내곤 하세요. 어떻게 하죠?

A: 아이디어 한 번 내보세요.

Q: 회의 시간에 저만 혼자 떠드는 것 같아요. 물론 다른 사람들이 침묵을 지키니까 할 수 없이 제가 나서기는 하지만 다른 사람들을 말하게 하는 방법은 없을까요?

A: 조용히 하세요. 오로지 당신만 문제입니다. 조용히 하세요.

Q: 회의 시간 끝에 부장님은 항상 일을 배분해줘요. 저는 그래서 정말 회의에 들어가기 싫어요. 어떻게 하면 좋죠?

A: 그럼 언제 일을 배분하죠?

Q: 회의가 끝나고 나면 정말 힘들어서 파김치가 되고는 해요. 이를 어쩌면 좋죠?

A: 월급날이 있잖아요.

Q: 우리 사장님은 정말 독불장군입니다. 혼자서 시작하고 혼자서 결론을 내요. 다른 사람들은 도대체 왜 데려다 놓고 회의를 하는지 모르겠어요. 그냥 결론 내서 직원들에게 배포하셨으면 좋

겠어요. 제가 뭘 할 수 있겠어요?

A: 사장님은 당신과 무슨 일을 할 수 있겠어요? 그걸 고민하시면 됩니다.

Q: 회의 시간에 몰래 딴짓하는 사람들이 있어요. 몰래 야구 보고, 게임하고 딴 생각하고 말이에요. 이럴 때 제가 어떻게 하면 좋을까요?

A: 당신이 회의를 진행하는 사람이라면 의자를 모두 빼서 회의실 밖으로 내다 놓고 서서 회의를 진행하세요. 만약 당신이 진행하는 사람이 아니라면, 게임을 추천합니다. 스포츠 중계는 얼굴 표정이 드러나요.

Q: 회의를 시작하면 본부장님이 항상 골프 얘기로 30분을 보내곤 합니다. 저는 정말 그래도 되는지 모르겠어요. 시간이 아깝지 않은가 봐요. 저는 할 일이 태산인데 말이에요.

A: 아직 골프를 시작하지 않으셨군요. 만약 당신이 배우시면 그 얘기가 1시간이 가도 시간이 아깝지 않을 거에요.

Q: 회의에 항상 늦는 사람이 있어요. 어떻게 하면 다음부터 늦지 않게 오게 할 수 있죠?

A: 그 사람한테만 30분 먼저 회의가 열린다고 얘기해주세요. 가령 회의가 3시에 시작한다면 그 사람에게는 2시 반에 열린다고 통보해 주세요. 그 사람이 나중에 알고 화를 내면, 사장님한테 결재까지 받은 사항이라고 얘기해 주세요. 아하, 사장님이 항상 늦으면 어떻게 해야 하냐고요? 잘 되었네요. 사장님 오시기 전에 회의 끝내시고 자기 자리로 돌아가세요.

Q: 회의 시간에 같은 말을 반복하는 사람이 있어 회의를 지루하게 합니다. 어떻게 해야 할까요?

A: 당신이 그 사람의 말을 잘 이해하지 못한 겁니다. 분명히 첫 번째 얘기한 것과 두 번째 얘기한 것은 다른 얘기일 겁니다. 귀 기울여 보세요. 만약에 그 사람이 첫 번째 얘기를 했을 때 당신이 알아들었다면, 그 알아들었다는 것을 표정으로 나타내 주세요. 만약에 그런 표정들이 나오지 않으면 두 번이 아니라 몇 번이고 계속할 수 있을 겁니다.

Q: 우리는 회의를 하면 얘기가 겉돌다가 끝나고 맙니다. 왜 그럴까요?

A: 그 회의 왜 하죠? 그 물음에 답변을 해야 합니다. 무슨 목적을 가지고 모여서 회의를 시작했나요? 그 목적을 명확히 하고 시작하는 게 답입니다.

Design
Your
Meeting

바보야, 회의가 문제야

회사가 발전하려면 어떻게 할까? 마쓰시타 고노스케는 "사업은 사람이 전부다."라고 했다. 피터 드러커는 "기업이 해야 할 일은 두 가지 밖에 없다. 그것은 '마케팅과 혁신'이다." 슘페터는 "창조적 파괴"라고 했고, 스티브 잡스는 "혁신은 돈의 문제가 아니다. 혁신은 당신과 함께 일하는 사람들을 이끄는 당신의 리더십에 따른다."고 했다. 이들의 말을 종합하면, 사업은 사람이 하는 것이고, 그 사람들이 혁신할 때 성공할 수 있다는 것이다. 그렇다면 '어떻게' 해야 할까?

사람이 사업을 혁신시키려면 어떻게 해야 할까? 간단하다. 하고 있는 일을 혁신시키고 그것을 반복적으로 하여 체득화시키면 된다. 그러기 위해서는 세 가지의 질문이 필요하다. 첫째 당신과 당신의 조직은 혁신이 필요합니까? 둘째 당신과 당신의 조직은 혁신을 위한 조직 내 공통된 프로세스가 있습니까? 셋째로 당신과 당신의 조직은 혁신 프로세스에 따라 일하고 있습니까? 앞에 제시된 모든 대답을 '예스'라고 할 수 있으면 이미 당신의 기업은 세계 초일류 기업의 반열에 오를 수 있는 준비가 되어있다. 만약 아니라고 한다면 만들어야 한다. 그것도 지금 당장!

조직 내 공통된 혁신 프로세스를 어떻게 만들어야 할까? 그러기 위해서는 먼저 모여서 회의부터 해야 한다. 회의를 통해 조직 내 공유할 수 있는 혁신 프로세스를 만들어야 한다. 그런데 그런 회의를 이끌 수 있는 능력은 있는가? 무엇부터 혁신시킬 것인가? 생산라인부터? 마케팅 방안부터? 구매 라인부터? 참석 대상은 또 어떻게 할 것인가? '또' 어느 팀장을 하나 시켜서 초안을 만들어 보라고 하고, 그 안을 보고 받아 그 자리에서 의견들을 좀 듣고 추인하면 되는 것인가?

미국의 한 교사가 인디언 마을에서 수업을 하고 시험을 치렀다.

시험 문제 종이를 각자 나눠주고 답을 써서 제출하라고 했다. 그랬더니 아이들이 모여서 회의를 하더란다. "너희들 모여서 그렇게 회의를 하면 어떡하니? 각자 풀어야지." 아이들이 대답하기를 "저희는 어려운 문제가 있을 때는 혼자서 풀지 말고 함께 풀어야 한다는 걸 알고 있습니다." 하고 대답했다고 한다. 경영자들은 정말 어려운 환경이라고 얘기하면서 제대로 된 회의를 개최하고 있는 것일까? 리더들은 그런 고민은 조차하고 있을까? 지금의 어려움은 그냥 버티면, 시간이 가면 경기가 좋아져서 저절로 해결이 되는 경영 환경인 것일까? 열심히 일만 하면 하늘이 알아서 도와주는 것일까?

회의를 어떻게 해야 하는지 교육 한 번 제내로 받아본 사람이 없다면 리더는 어떻게 해야 할까? 또 제대로 된 회의 한 번 경험해 본 사람이 없다면 그런 회사는 어느 방향으로 가고 있을까? 제대로 된 회의를 기획조차 하지 못한다면 어찌될까? 혁신해야 한다고 떠들지만, 정작 무엇부터 혁신해야 할지 알까 모를까?

바보야, 회의가 문제야!

Design
Your
Meeting

변화는 중요하지 않다! 혁신이 중요하다!!!

그 동안 기업들은 끊임없이 조직원들에게 변화를 주문해왔다. 리더들은 스스로에게 그 변화를 이끌고 관리를 해야 한다고 사명을 부여해 왔다. 리더들은 팔로워들에게 세상은 변하고 있고, 그 변화에 대응하기 위해서는 자신은 물론 직원들 역시 스스로 변해야 된다고 강조해 왔다. 변화를 요구하는 시대에서 리더와 팔로워들은 서로 구분되어 있었으며, 역시 리더들은 최상위 경영층이었고 팔로워는 경영층을 따르는 존재들이었다.

최상위 경영층은 변화를 하기 위한 최적의 요구 조건으로 정보를 요구했다. 즉 자신들이 의사결정을 내리기 위해서는 양질의 정보를 필요로 했다. 그들은 최신 정보와 그 정보의 정교함을 추구하기 시작했다. 최고경영층의 의사결정에 최대한 올바른 의사결정을 할 수 있도록 어떤 데이터가 도움이 될 지가 관건이 되었다. 그래서 최고경영층은 그 의사결정 시스템에 돈을 들이 붓기 시작했다. 50억이건 100억이건 그 액수가 중요하지 않았다. 자신들에게 제대로 된 정보만 준다면 그 금액 정도의 투자는 이익으로 충분히 보상 받을 수 있을 것으로 예상했다. 일면에는 자신들이 시스템이 제공해 준 데이터로 직원들을 설득시킬 수 있는 자기 방어적 성격도 있었다. 데이터 중심의 회의는 그렇게 탄생 되었다. 최고 경영층은 데이터를 통해 변화를 리드할 수 있다는 자신감을 가질 수 있을 것을 보였다. 더구나 이제 빅데이터라는 것이 등장을 했다.

빅데이터라는 것은 참말로 놀라운 것이었다. 왜냐하면 가정이라는 것이 존재하지 않을 것으로 보였기 때문이다. 기존의 데이터는 표본 추출이라는 과정을 통해 전체 모수를 추정해야 한다. 추정이라는 것은 의사결정을 불완전하게 만드는 치명적인 약점을 가지고 있었다. 추정한 데이터로 직원들을 설득하고 시장을 선도해 나가기에는 불안을 만들어 내게 마련이다. 그런 불안을 없애기 위해서는 엄청난 비용의 데이터 서버와 활용 인력들이 필요했다. 그런 와중에 엄청난 데이터를 처리할 수 있는 시스템의 가격이 내려갔고, 그를 운용할 수 있는 소프트웨어 역시 무료인 오픈 소스로 개방되기 시작했다. 그 동안 통계를 내는 소프트웨어조차 몇 억 원을 지출해야 상황이었는데, 무료 소프트웨어들의 등장은 가뭄 끝에 단비처럼 느껴졌다. 자신의 의사결정을 완벽하게 지원해 줄, 아니 어쩌면 자신의 의사결정을 대신해 줄 빅데이터의 등장은 의사결정의 딜레마 속에서 웅크리고 있던 경영층들을 해방 시켜줄 것으로 생각되었다.

하지만 생각대로 데이터 중심의 회의는 진행되지 않았다. (물론 우리나라의 경우로 한정 지어서 얘기지만) 분석팀 직원들이 내놓은 데이터에 대해서 현장 직원들은 현장과는 괴리가 있다며 끊임없이 해당 데이터를 의심했다. 빅데이터를 통해서 보고된 데이터들 역시 많은 사람들의 손을 거치며 수많은 가정과 가공을 통해 제공되었다. 그들이 도출한 데이터들은 수천 가지 이상의 통계 기법을 통해 나왔으며, 그런 통계 기법은 어떤 가정, 어떤 데이터를 쓰느냐에 따라 서로 다른 결론을 도출할 수 있었다. 그 빅데이터를 움직이는 것은 결국 기계가 하는 것이 아니라, 조직 속에 있는 사람들이 했던 것이고, 그들은 경영자의 눈치를 보는 사람들이었다. 즉 경영자의 입맛에 맞는 데이터를 그들은 만들어 낼 수 있었다.

정작 경영자 자신들은 지쳐가고 있다. 여전히 팔로워들은 갓 알에서 나온 새들처럼 입을 벌리며 어미 새에게 모이를 달라고 아우성친다. 리더들에게 끊임없이 당신이 먼저 변해서 우리를 이끌어 달라고 소리치고 있었다. 그들은 눈을 부릅뜨고 리더들을 쳐다보며 제대로 하고 있는지를 감시하고 있었다. 어떤 리더들은 여전히 자신들의 능력부족이라고 한탄하고 자괴감에 빠져있는 이들도 있었다. 하지만 현명한 리더들은 그 상황을 제대로 직시하고 빠져 나오기 시작했다. 데이터가 변화를 이끄는 것이 아니라 결국 사람이 변화를 이끌어 왔다는 것을 서서히 깨달아 가고 있었던 것이다.

현명한 리더들은 자신 혼자의 힘으로 변화하는 환경에 대응할 수 없다는 것을 알고 있다. 그리고 환경 변화를 인지하고 무엇인가 행동하기에는 이미 늦었다는 것을 깨닫기 시작했다. 제대로 환경에 맞춰 조직을 변화시키는 데에는 시간이 걸린다는 것과 자신에게 그걸 모두 책임져야 하는 사명도 그럴 능력도 없다는 것을 깨닫게 된 것이다.

현명한 리더들은 빅데이터가 자신들을 구제하는 것이 아니라, 함께 하는 모두가 스스로 구제해야 한다는 것을 깨달아 가고 있다. 자신만이 리더가 아니라 모두가 리더가 될 때 비로소 그것이 혁신이라는 것을 깨달아 가기 시작한 것이다.

테슬라의 엘론 머스크는 "나는 어떤 질문에 더 잘 이해하기 위해서는 인간 의식의 범위와 규모를 증가시켜야 한다는 결론에 도달했다. 그것을 이룰 유일한 방법은 대규모로 집단 계발하는 것뿐이다." 라고 말했다. 그는 집단 지성을 통해 문제해결을 해나가야 한다고 말한다.

Dell사는 IdeaStorm(www.ideastorm.com) 을 통해 아이디어를 자유롭게 공유하도록 하고, 제일 높은 투표를 받은 아이디어들을 실제 제품에 적용시켜 그 수익을 공유히도록 하고 있다.

트레드리스(Threadless)는 티셔츠를 전문적으로 파는 쇼핑몰로서 일반인이 직접 디자인한 셔츠를 만들어 팔아 이익을 공유하는 기업이다. 기업의 수익 모델이 아이디어 공유라고 할 수 있다.

지금의 구태의연한 조직으로는 혁신을 해낼 수 없다. 네트워크 형태의 평평한 조직이 필요하다. 즉시성과 주기성을 가지고서 정확하게 문제를 해결할 수 있는 조직이 필요하다.

지금의 조직 구조는 거대한 모든 문제를 일시에 해결하려고 하는 거대한 관료조직이다. 오직 확신할 수 있는 것은 문제의 발생이 상상했던 것보다 빠르고 이에 대한 조직의 대응도 실시간으로 일어나야 한다는 것이다. 게다가 일어난 상황은 복잡하기 까지 하는데 경영자가 모든 것을 일시에 다 파악할 수도, 해결할 수도 없는 상황이다. 그런 상황에서 직원들이 리더만 바라보고 알아서 지시하기를 기다리는 조직은 결국 무너질 수밖에 없다. 한 개의 문제는 한 개의 조직만 관련 있는 것이 아니라, 여러 개의 조직 또는 모든 조직이 유기적으로 얽혀져 있는 문제이다. 이것은 나의 문제이고 저 것은 아니라고 할 수 있는 문제는 별로 없어지게 된다. 이것을 해결하는 것이 혁신이다.

이제 리더의 목표는 자신이 똑똑하고 선견지명이 있는 사람이 되어야 한다는 것이 아니다. 직원들이 스스로 연구하고, 문제를 발견하며, 토론하고 아이디어를 내고 서로 역할을 맡아 조직 내 모든 분야에 있는 모든 사람들이 한 몸처럼 유기적으로 움직여야 하는 것이다. 위에서 내려 온 지시에 의해 움직이는 것이 아니라, 몸은 몸대로 상황에 맞게 저절로 움직여야 하고, 머리는 머리대로 생각해야 한다. 하향식 관리조직 구조는 현실에 적응할 수 없고, 리드해 나갈 능력이 되질 않는다. 오로지 상향식 협의 구조에 의해서만 주어진 문제, 즉 혁신을 해나갈 수 있다.

　지식 기반 경제의 정점에 와 있다는 것은 관리 보다 혁신이 더 중요하며, 변화에 적응하기보다, 혁신을 선도해 나가야 한다는 의미이다. 일회성 변화나 혁신이 아닌 유전자 속에 혁신 유전자를 심을지를 고민해야 한다. 그래서 지속적인 혁신이 일어날 수 있도록 격려하고 함께 나아가야 한다.

Design
Your
Meeting

TFT조직을 폐기 처분하라

회사에서 무슨 일이 생기면 TFT가 생겼다가 없어지기를 반복한다. 미국에서 오랫동안 컨설팅한 사람이 우리나라에서 몇 년간 일하면서 가장 크게 느낀 것이 '한국은 TFT천국'이라는 것이다. 무슨 일을 하면 무조건 TFT를 만들어서 한다는 것이다. 그에 반해 미국의 기업들은 수시로 조직을 해체하고 다시 만들기를 반복하거나, 매트릭스 구조로 그 때 그 때 헤쳐 모여 일을 한다는 것이다.(물론 모든 미국 기업이 그렇다는 얘기는 아니다.) 그래서 조직이라는 의미가 자신의 역할을 충실히 하는데 맞춰져 있는 반면에, 한국은 자신의 역할보다는 주어진 역할, 시키는 역할에 충실하도록 맞춰져 있다는 것 같다고 말한다.

자신의 조직 내에 TFT가 많다는 것은 현재의 조직 구조가 정작 필요로 하는 역할을 제대로 이행하지 못하고 있다는 하나의 방증이라는 것을 대부분 이해하지 못하고 있는 것 같다. 문제가 발생하면 해당 조직이 대응하면 되는 것인데, 왜 TFT를 만들어서 대응을 하는가? 문제들이 하나의 조직만 관계된 것이 아니라 여러 개의 조직이 관여되어 있기 때문이다. 그렇다면 그런 TFT가 모여서 어떤 일을 했다고 가정해 보자. 그런 다음 그 작업에 참여했던 사람은 아무 일도 없었다는 듯이 자신의 조직으로 원대 복귀한다. TFT에서 했던 일은 모든 조직이 당연히 관계되는 데 마치 그렇게 만들어 놓으면 저절로 돌아가는 물레방아처럼 생각한다. 하지만 대부분 그 물레방아는 누군가의 힘을, 그것도 그 작업에 참여했던 모든 조직의 힘을 지속적으로 필요로 한다는 것을 알고 있다.

이제 TFT 좀 그만 만들고, 모든 조직을 해체하고 유기적 조직으로 만들어야 하지 않냐고 소리쳐야 하지 않을까?

Design
Your
Meeting

혁신을 위한 5단계 회의법

"누구나 아이디어는 내놓을 수 있지만 누구나 혁신을 할 수 있는 것은 아니다."

"혁신은 시스템화되어야 한다. 시스템은 훈련을 통해서 강화되고 혁신된다."

회사의 혁신 관련 점수

Q1. 나의 업무 중에서 혁신과 관련하여 투입되는 시간은?

(주당 투입 시간)

    a. 1시간 이상   b. 3시간 이상

    c. 5시간 이상   d. 7시간 이상

Q2. 우리 회사가 성공을 거두는 데 혁신이 차지하는 중요성은 몇 점인가? (100점 만점)

    a. 5점 이상   b. 10점 이상

    c. 20점 이상   d. 30점 이상

점수 계산 법

각 문항의 a=1, b=3, c=5, d=7 점이다.

1. Q2-Q1을 한다.
2. 각 조직원들의 점수를 합하여 통계를 낸다.
3. 점수가 '+'이면 혁신 미달, '-'이면 혁신 중이다.
   - Q2의 대답이 조금 어렵다면 각 답을 이렇게 변형해도 좋다.

    a. 지금이 좋다   b. 혁신하면 좋을 수 있다

    c. 혁신해야 한다   d. 혁신 밖에 없다

혁신 회의의 개요

혁신은 하다 보면 되는 것이 아니라 혁신을 위한 전형적인 회의 프로세스를 가지고 있다. 대부분 새로운 아이디어는 내놓을 수 있지만 혁신까지 도달하지 못하는 이유는 이러한 프로세스를 조직에 내재화 하지 못하고 있기 때문이다. 같은 조직 내에 있는 동료들에게 이렇게 물어보라. "우리 조직에 서로 공감하는 혁신 프로세스가 있습니까? 있다면 무엇입니까?"

아이디어가 새로울 수는 있지만 사업적으로 쓸모 있느냐는 것과는 다르다. 앞 장에서 실행한 PIR기법들을 충분히 연습한 다음에 혁신 회의 프로세스를 진행하도록 한다. 혁신 회의를 진행하려면 문제를 보는 기법, 아이디어를 내는 방식, R&R을 하는 방식들이 여러 번 몸에 익어 있어야 한다. 성급히 혁신 회의부터 진행을 하면 회의도 안되고 혁신도 물 건너 가버린다.

혁신 회의 프로세스

제품이나 서비스 혁신을 위한 기본적인 단계가 있다. 기업에서의 혁신은 새로운 것을 요구하는 게 아니라 수익성과 실현 가능성을 요구한다. 따라서 혁신 프로세스는 이 2가지를 충족시키는 과정으로 진행되어야 한다. 이를 위한 혁신 프로세스는 5단계로 구분이 된다.

1. 제품이나 서비스의 목록을 작성한다

제품이나 서비스를 구성하고 있는 내부 요소들의 목록을 작성한다. 제품이 안경이라면 글래스, 안경테, 코받이, 다리, 경첩, 안경 다리의 귀 보호 캡으로 나눌 수 있다. 서비스라면 고객이 제품을 선택하기까지의 과정, 서비스가 제공 되기까지의 과정, 고객의 선택 요소(가격, 접근용이성, 광고, 편의성, 브랜드 충성도 등능)별로 목록을 작성한다.

2. 아이디어 창출

상기에 도출될 제품이나 서비스 목록을 대상으로 ERRC 기법, SCAMPER기법, 고객의 3불기법 등 아이디어 기법을 동원하여 목록을 재구성한다. 안경을 예로 들어보자. 안경에서 ERRC기법 중에서 Erase 기법을 활용하여 안경의 다리를 없애 보도록 한다. 또는 안경의 다리를 크게 만들어 패션화된 안경을 만들어 보자는 등의 아이디어를 내도록 한다.

3. 아이디어를 시각화 한다

앞 단계에서 창출된 아이디어를 시각화 한다. 단순히 말로 그치는 것이 아니라, 간단한 스케치나 프로세스 맵을 그려 눈으로 볼 수 있도록 만든다. 시각화는 말로 표현하는 것보다 훨씬 강력하다. 그 그림을 앞에 걸어 두거나, 서로 돌려 보면서 농담처럼 아이디어를 더욱 발전시켜 나간다. "안경에서 다리를 없애니 재밌네. 그럼 안경의 유리를 없애 보자"라고 할 수 있다.

4. 시장의 편익 추정

앞 단계에서 시각화된 제품이나 서비스를 보고 이 제품을 누가 얼마나 좋아할 것인지, 그리고 그 시장의 규모를 추정한다. 시장의 규모가 작고, 효익이 작을 것 같으면 아이디어를 보류하도록 한다. 거꾸로 어떤 특정한 대상의 경우 해당 아이디어를 조금 다르게 수정을 하면 편익이 커질 것이라 판단이 되면 앞 단계의 아이디어를 다시 수정한다. 그리고 다시 해당 시장의 규모를 판단하도록 한다. 이처럼 자꾸 예상되는 시장의 규모를 판단하도록 하는 이유는 '엔지니어의 함정'에 빠지지 않도록 하기 위함이다. '엔지니어의 함정'이란 엔지니어들은 신기하고 좋은 것만을 시장에 내고 싶은 마음으로 가득 차 있다. 하지만 그런 좋고 신기한 제품들 대부분 사장되고 마는 이유는 해당 시장 규모가 너무 작기 때문이다. 만들어 놓고 '이게 아닌가 벼'는 출혈이 너무 심하기 때문이다.

5. 실현 타당성 분석

해당 아이디어가 시장 규모도 있고, 고객의 편익도 높다고 판단되면 제품이나 서비스를 출시해 볼만 하다. 이 때 이를 다시 평가해야 하는데 첫째 기술적으로 가능한지, 둘째 자본 조달은 가능한지, 셋째 제품이나 서비스를 더 다듬으면 어떻게 개선해야 하는지를 판단한다. 이 단계에서는 이렇게 물어보면 간단하다. "만들 가능성은 있는 거야? 왜 그럴 수 있어? 더 잘 만든다면 어떻게 해야 돼?"라고 질문해야 한다.

Design
Your
Meeting

9회말 2사 만루, 회의를 혁신하다

'9회말 2사 만루'

누구에게는 위기이지만 누구에게는 기회가 될 수 있다. 작금의 한국 경제가 그렇다. 국가 경제 자체로만 그런 것이 아니라 기업들이 처한 환경 또한 그렇다.

9회말 2사 만루를 수비하는 입장에서 먼저 살펴보자. 우리 나라의 기업들은 그 동안 세계의 초일류 기업들을 모방하며 열심히 일만 해왔다. 이젠 그런 초일류 기업이 보이질 않는다. 아니 있기는 하지만 어디서부터 어떻게 따라 가야 할지 길이 보이질 않는다. 저 아래에 머물러 있을 것만 같았던 중국은 물론이고 동남아, 중동, 인도의 업체들까지 한국이 이룩해 온 위치까지 다가섰음은 물론이고, 오히려 앞서고 있기 까지 하다. 그저 열심히 하기만 하면 되었는데, 이제 어떻게 해야 하는지를, 어디로 가야 할지를 내놔야 한다. 그 동안 아무도 우리에게 요구하지 않았던 '혁신'요구사항이 우리의 목숨 줄을 붙잡고 "내 놓으라"고 소리친다. 하지만 '혁신'의 장이 되어야 할 회의 시간은 여전히 침묵으로 일관하거나, 줄 서기, 남 탓 하기, 자리 보전하기의 장으로 그 역할을 대신할 뿐이다.

 9회말 2사 만루를 공격하는 입장에서 보면, 이번만큼 큰 기회가 없다. 어려운 것은 우리나라에 있는 기업들만의 문제가 아니다. 어떤 국가나 기업들은 자신들이 갖고 있는 지하자원과 쌓아놓은 자본들을 통해 이러한 문제들을 해결하려고 노력할 것이다. 하지만 피터 드러커가 말했듯이 기업의 사명은 '혁신'이다. 혁신을 통해 고객에게 다가가지 않으면 그 어떤 기업도 생존에서 자유로울 수가 없다. 작금의 문제들은 가지고 있는 지하자원으로 해결 될 수 있는 것이 아니라, 조직 내 사람들의 열정과 능력들이 함께 뭉쳐 시너지를 발휘할 때 해결될 수 있다. 이제 기술과 지식으로 무장된 새로운 세력에 의해 기업들은 재편될 것이다. 다행히 우리 나라 사람들처럼 자식들 교육에 많은 투자를 해왔던 국가가 별로 없다. 좋건 싫건 개인당 사교육비 세계 최고이고, 미국의 미스터리 프로그램 'Believe or not'에 등장했을 만큼 살인적인 학업 시간을 지내왔던 사람들이 경제활동 인구로 살아 가고 있다. '혁신'은 회의를 통해서 이루어진다. 이제 제대로 된 회의, 창의적인 회의, 혁신적인 회의만 운영하면 새로운 장밋빛 앞날을 예측할 수 있다.

어느 기업의 임원 워크샵에서 '폭탄 돌리기'라는 게임을 한 적이 있다. 임원들이 서로 둥그렇게 앉아, 바람 넣은 풍선 하나를 노래 부르며 옆 사람에게 풍선을 건넨다. 노래가 멈추기 전까지는 계속 풍선을 돌려야 한다. 하지만 노래가 멈췄을 때 그 풍선을 들고 있는 사람의 풍선이 터져, 그 사람은 벌칙을 받는 게임이다. 몇 번 게임을 되풀이 하자 모두가 웃고 재미있어 했다. 모두의 얼굴에 웃음기가 채 가라앉지 않은 상황에 나는 이렇게 그들에게 물어 보았다.

"지금 우리 회사에 폭탄이 있다고 가정합시다. 그 폭탄은 언제 터질지 모르지만, 언젠가는 터질 것이 확실합니다. 언젠가는 노래가 끝날 테니까요. 그 폭탄이 터지게 되면 엄청난 사상자가 생기는 것 역시 확실합니다. 그 때는 이미 회사를 떠나신 분도 계시겠지요. 하지만 분명 여러분과 함께 했던 동료, 후배들이 엄청나게 다칠 것입니다. 조금 전 여러분이 옆 사람에게 전해 주었던 풍선이 만약에 진짜 폭탄이라면, 그 풍선을 '내가 살기 위해' 전해줄 수 있을지 모르겠습니다."

나는 분명 그들의 얼굴에서 당혹스러움을 읽을 수 있었다. 나는 이어서 얘기를 계속했다.
"여러분은 지금 돌리고 있는 폭탄이 무엇인지 알고 있을 겁니다. 이 폭탄은 언젠가 반드시 터질 것이다. 그렇지만 내가 있을 때만 안 터지면 된다고 혹시 생각하시는지요?

여러분들이 지금 헤아 할 것은 무엇인지 여러분 스스로 아실 겁니다. 그 폭탄을 해체하기 위한 방안을 지금 여러분 옆에 계신 분들과 같이 마련해야 합니다. 그 회의를 지금 해야 한다는 얘기입니다.

이제 진짜 회의를 했으면 합니다. 그 동안 해왔던 가짜 회의 말고, 진짜 회의를 했으면 합니다."

모두가 말이 없었다.

이 모습은 어느 한 회사의 모습만은 아닐 것이다.

물론 제대로 된 회의를 하기 위해서는 어느 조직이나 시간이 걸릴 것이다. 진짜 회의를 하기까지는 깨부숴야 할 것들이 너무 많다. 개인들이 회사에 가지고 있는 편견, 상대방에 대해 느끼는 선입견, 자신의 역할에 대한 과도한 부담감, 회의 자체에 대한 불신감, 회의 운영에 대한 경험 부족 등등. 앞으로도 겪고 넘어가야 할 산들이 분명 더 있을 것이다. 하지만 왜 그 길을 왜 가냐고 묻는다면 '가야 할 길'이라는 대답 외엔 달리 할 말이 없다.

나는 꿈꾼다. 2사 만루에서 홈런을 치는 모습을······.

"그토록 꿈꿔왔던 시간이 다가온다."